Erasmus von Rotterdam
Lob der Torheit

Erasmus von Rotterdam

Lob der Torheit

Aus dem Lateinischen übersetzt
von Heinrich Hersch

eingerichtet und überarbeitet
von Kim Landgraf

ANACONDA

Der Text folgt der Ausgabe: *Das Lob der Torheit. (Encomium moriae.)* Aus dem Lateinischen des Erasmus von Rotterdam ins Deutsche übertragen von Heinrich Hersch. Leipzig 1884

Die Deutsche Bibliothek verzeichnet diese Publikation in der Deutschen Nationalbibliographie; detaillierte bibliographische Daten sind im Internet unter http://dnb.ddb.de abrufbar.

Umschlaggestaltung: Sabine Reimer, London
Layout: Dagmar Herrmann, Köln
Satz: GEM mbH, Ratingen
Printed in Czech Rapublic 2006
ISBN 3-938484-98-5
info@anaconda-verlag.de

BRIEF DES ERASMUS AN SEINEN FREUND THOMAS MORUS

Als ich jüngst von Italien nach England reiste, hatte ich weite Strecken zu Pferde zurückzulegen; um dabei nicht die ganze Zeit mit trivialen Gesprächen hinzubringen, an denen die Musen keinen Anteil hätten, gefiel es mir, öfter dies oder jenes von unseren gemeinsamen Studien zu überdenken und im Geist mich zu den lieben, gelehrten Freunden zu versetzen, die ich zurückgelassen hatte. Da trat mir Euer Bild, teurer Morus, gleich zuerst entgegen, und jedes Mal, wenn ich fern von Euch weile, macht mir doch die Erinnerung an Euch kein geringeres Vergnügen, als wäret Ihr mir gegenwärtig und als genösse ich in Wirklichkeit jene Lust Eures Umgangs, die, ich schwöre es, die höchste meines Lebens gewesen.

Da ich also entschlossen war, mich mit irgendetwas zu beschäftigen, eine Muße aber, wie ich sie hatte, nicht zu ernstem Nachdenken einlud, so kam ich auf den Einfall, in einer Plauderei die Torheit zu loben. Welche Pallas hat Euch diesen seltsamen Gedanken eingeflößt? werdet Ihr fragen. Nun, zunächst machte mich die Göttin auf Euren Familiennamen *Morus* aufmerksam, der dem griechischen Wort für Torheit, *Μωρία*, ebenso nahe kommt, wie Ihr selbst seiner Bedeutung fern steht, denn man kennt Euch überall als einen der klügsten Männer des Jahrhunderts. Außerdem meinte ich, dass diese witzige Spielerei sehr nach Eurem Geschmack wäre, da Euch gerade Scherze solcher Art, die, ich darf mir wohl schmeicheln, nicht ganz ohne Geist und Gelehrsamkeit sind, vornehmlich ergötzen: Verlacht Ihr doch wie Demokrit das ganze menschliche Leben. Obgleich Ihr Euch aber sonst durch eine seltene Schärfe des Geistes hoch über die Anschauungen des gemeinen Volkes erhebt, so seid Ihr doch Eurem liebenswürdigen und humanen Charakter gemäß zu jeder Zeit und in jeder Gesellschaft gern bereit, Euch zu dem Verstand der großen Menge herabzulassen.

Nehmt darum wohlgefällig diese kleine Rede an. Ich widme sie Euch als Pfand unserer Freundschaft und hoffe, dass Ihr dieser Arbeit auch Euren Schutz angedeihen lasst; sie ist ja Euch gewidmet und darum nicht mehr mein Eigentum. Denn es wird an streitsüchtigen Kritikern nicht fehlen, die mir vorwerfen, dass solche Scherzreden der Würde eines Theologen nicht entsprechen, dass eine so bissige Satire der christlichen Gelassenheit und Mäßigung durchaus zuwiderlaufe; sie werden mich beschuldigen, dass ich das »alte Lustspiel« wieder auferwecke und alle Welt beiße wie ein neuer Lukian. Ich bitte aber im Voraus die, welche sich über die Niedrigkeit des Gegenstands und über die scherzhafte Behandlung ärgern, eines gütigst beachten zu wollen: dass ich nämlich nicht der Erfinder dieser Schreibweise bin, sondern dass schon die ältesten und berühmtesten Autoren dergleichen verfassten. Wie viele Jahrhunderte sind verflossen, seit Homer den »Froschmäusekrieg«, Vergil die »Mücke« und die »Kalte Schale«, Ovid die »Nuss« dichtete! Polykrates und sein Gegner Isokrates haben sich zum Lob des Busiris begeistert, Glaukon hat die Ungerechtigkeit gepriesen, Favorinus den Thersites und das viertägige Fieber, Synesius die Glatze, Lukian die

Fliege und den Parasiten. Hat nicht Seneca eine Apotheose des Kaisers Claudius, Plutarch einen Dialog zwischen dem Schweinchen Gryllus und dem Ulysses geschrieben? Haben nicht Lukian und Apuleius die Geschichte eines Esels erzählt, und hat uns nicht endlich jemand, dessen Name mir entfallen ist, das »Testament eines Schweines, Grunnius Crocotta geheißen« überliefert? Der heilige Hieronymus erwähnt dies.

Wenn jedoch meine Beurteiler diese Münze nicht als gültig ansehen, mögen sie sich einbilden, ich hätte, um mich zu amüsieren, Schach gespielt oder meinetwegen auch, ich sei auf dem Steckenpferdchen geritten. Denn wie ungerecht wäre es, wo man doch allen Ständen im Leben Scherz und Spaß gestattet, gerade den Männern der Wissenschaft kein einziges Plauderstündchen zu gönnen, zumal wenn ihre Possen einen ernsten Kern haben und ihre Tändeleien so sinnreich gehalten sind, dass Leser mit nur einigermaßen offenem Kopf mehr davon profitieren können als von den ernsten, prunkvollen Abhandlungen gewisser Stockgelehrten. Der eine von diesen preist die Beredsamkeit oder die Philosophie in einer Lobrede, die wie eine Mosaikarbeit aus Hunderten von Zitaten zusammengesetzt ist, der andere vergöttert mit glänzendem Wortschwall einen Fürsten; jener hält eine wohlgebaute Rede, um zum Krieg gegen die Türken aufzumuntern, dieser sagt die Zukunft vorher, noch ein anderer stellt neue Schwierigkeiten über die einfachsten Kleinigkeiten auf. Wie aber nichts so dumm ist, als mit ernsten und wichtigen Dingen Spaß zu treiben, so ist andererseits nichts so ergötzlich, als dem Scherz eine ernste Seite abzugewinnen. Dem Publikum steht es ja zu, über meine Spottschrift zu urteilen, und wenn mich nicht die Eigenliebe verblendet, so glaube ich, nicht als Tor das Lob der Torheit verkündet zu haben.

Um mich nun vor dem Vorwurf zu sichern, den man gegen die Bissigkeit meiner Satire erheben könnte, so bemerke ich, dass es von jeher ein Recht des Spottes war, sich über die Menschen im Allgemeinen straflos lustig zu machen, vorausgesetzt, dass man nicht bis zur Zügellosigkeit und Raserei ging. Ich wundere mich wirklich, wie feinfühlig die Ohren in unserer Zeit geworden sind; man will nur noch schmeichelhafte und schön klingende Titel hören, ja, man sieht sogar Leute, die so verkehrte Anschauungen über Religion haben, dass sie eher die schrecklichsten Lästerungen gegen Christus als den geringfügigsten Scherz gegen den Papst oder ihren Fürsten ertragen würden, besonders wenn ihr materielles Interesse dabei im Spiel ist. Scheint jedoch der, welcher das gesamte Menschengeschlecht tadelt, ohne jemanden persönlich anzugreifen, wirklich bissig zu sein oder nicht vielmehr zu lehren und zu mahnen? Wie sehr hätte ich mich dann wahrhaftig wohl selbst verspottet! Ferner beweist derjenige, der insgesamt gegen alle verschiedenen Stände loszieht, deutlich genug, dass er keineswegs den Menschen, sondern einzig und allein ihren Fehlern zürne. Wenn sich also jemand in dieser Schrift beleidigt fühlt und sich beklagt, so wird er dadurch nur bekennen, dass er schuldig ist oder fürchtet, dafür zu gelten. Der heilige Hieronymus ist in dieser Art noch viel freier und satirischer verfahren, hat er sich doch kein Gewissen daraus gemacht, sogar Namen zu nennen. Was mich betrifft, so habe ich, außer dass ich stets beim Allgemeinen geblieben bin, meine Ausdrücke so gemäßigt gehalten, dass jeder verständige Leser leicht meine Absicht erkennen wird, mehr zu ergötzen als zu verletzen. Ich habe ja nicht wie Juvenal den Unrat der Ruchlosigkeit und Gemeinheit aufgerührt, ich habe mehr die lächerlichen als die schändlichen Sitten geschildert. Wem aber schließlich alle diese Gründe nicht stichhaltig erscheinen, der mag wenigstens daran denken, dass es doch ehrenvoll ist, von der Torheit getadelt zu werden, und dass ich, indem ich sie sprechen ließ, die Worte dem Charakter meiner Rednerin anpassen musste.

Doch wozu brauche ich Euch das zu sagen, der Ihr ja ein so geschickter Sachwalter seid, dass selbst eine Sache, die nicht zu den besten gehört, unter Euren Händen sich günstig gestaltet? Lebt also wohl, hoch weiser Morus, und nehmt Eure »*Moria*« gut in Schutz.

Auf dem Lande am 9. Juni 1508.

DIE TORHEIT SPRICHT

Wie sehr mich auch gemeinhin die Sterblichen verlästern mögen – denn ich weiß recht wohl, wie übel die Torheit selbst bei ihren Günstlingen angeschrieben ist –, so behaupte ich doch, dass *ich*, ich die eine und einzige bin, die ich durch meine Macht Götter und Menschen in heitere Laune versetze. Ein überzeugender Beweis liegt in Folgendem: Ist es nicht augenscheinlich, dass, seitdem ich vor dieser zahlreichen Versammlung erschienen bin, auch die Freude mit mir eingekehrt ist? Auf allen Gesichtern war Heiterkeit zu lesen; plötzlich erhobt ihr so fröhlich euer Haupt und spendetet mir Beifall mit so munter lustigem Lachen, dass ihr alle, die ihr hier versammelt seid, mir fürwahr wie homerische Götter erscheint, die von Nektar und Nepenthes berauscht sind, im Gegensatz zu früher, wo Kummer und Sorgen in euren Mienen lagen, als wäret ihr eben aus der Höhle des Trophonius gekommen.

Wie es denn zu geschehen pflegt, wenn die Sonne wieder ihr liebliches, goldenes Antlitz der Erde zeigt oder nach einem rauen Winter ein junger Lenz die Natur mit schmeichelndem Hauch umweht, dass alles plötzlich um uns her sich verändert, alles in frischer, saftiger, jugendlicher Farbe strahlt, so ist auch euer Aussehen, nachdem ihr mich erblickt, nicht mehr dasselbe wie früher. So habe ich durch meine bloße Gegenwart erreicht, was gewandten Rhetoren kaum durch lange und wohlüberlegte Reden gelingt, nämlich alle quälenden Sorgen eures Geistes zu verscheuchen.

Wenn ihr gern wissen möchtet, warum ich in diesem wunderlichen Aufzug komme, so lasst es euch nicht verdrießen, gut Acht zu geben. Ich verlange ja keine Aufmerksamkeit wie zu einer Predigt, sondern nur eine solche, wie ihr sie gewöhnlich den Gauklern, Possenreißern und Scharlatanen auf den Märkten leiht, und wie sie einst auch Midas, der ebenfalls mein Anhänger war, dem Pan schenkte. Denn ich habe Lust, ein wenig Sophistik mit euch zu treiben, aber nicht Sophistik der Art, die heute der Jugend nichts als eine Menge unnützer, spitzfindiger Possen lehrt und ihren Sinn noch hartnäckiger und rechthaberischer macht, als man ihn beim Zank und Streit der Weiber findet. Ich will vielmehr jene Alten nachahmen, die, um den anstößigen Namen eines Weisen zu vermeiden, lieber Sophisten heißen wollten. Ihre Lieblingsbeschäftigung war, mit Entfaltung ihrer rednerischen Fertigkeit den Ruhm der Götter und Heroen zu feiern. Ihr werdet also eine Lobrede hören, freilich nicht auf einen Herkules oder Solon, sondern auf mich selbst, *die Torheit.*

Wisset nur, dass ich jene Weisen verächtlich von oben herab betrachte, die immer gleich »Geck!« und »Unverschämter!« schreien, wenn jemand sich selber rühmt und mit Lobsprüchen erhebt. Mögen sie einen solchen immerhin einen Dummkopf und Naseweis nennen, aber sie werden doch wohl zugestehen, dass dieser Tor wenigstens seinem Charakter treu bleibt. Denn was ist passender für die Torheit, als ihr Verdienst überall selbst auszuposaunen und stets selbst ihr Lob ertönen zu lassen? Wer vermag ein getreueres Bild von mir zu entwerfen als ich? Ich müsste denn gerade jemandem besser bekannt sein als mir selber. Dennoch glaube ich, dass ich hierin noch weit bescheidener handle als die meisten Großen und Weisen der Welt. Eine falsche Scham verbietet ihnen, sich selbst zu loben, doch was tun sie? Sie gewinnen einen schmeichelnden Lobredner für sich, sie bezahlen einen großsprecherischen Dichter und hören von ihm mit wohlgefälligem Ohr ihr Lob, das nichts als bare Lüge ist. Indessen breitet der feine Herr gleich dem Pfau sein Gefieder aus, stolz hebt er den Kamm bei den Worten des frechen Schmeichlers, der einen Tölpel mit einer Gottheit vergleicht, der einen Mann als glänzendes Muster der Tugend hinstellt, von dem er recht gut weiß, dass er fast das Gegenteil davon ist, der die Krähe mit fremden Federn schmückt, der die Haut des Äthiopien weiß zu waschen sich bemüht, kurz, aus einer Mücke einen Elefanten macht. Schließlich folge ich ja auch nur dem abgetretenen Sprichwort der Menge: »Ist niemand da, der dich lobt, so darfst du dich selber loben.«

Offen gestanden kann ich mich über das Benehmen der Menschen mir gegenüber nicht genug wundern. Ist es Undankbarkeit? Ist es Nachlässigkeit? Sie hegen Liebe und Anhänglichkeit zu mir, sie empfangen meine Wohltaten gern. Hat aber trotz alledem, so lange die Welt steht, ein einziger Mensch mit dankbaren Worten das Lob der Torheit verkündet? Während doch ein Busiris, ein Phalaris, das viertägige Fieber, die Fliege, die Glatze und andere Gräulichkeiten der Art ihre eifrigen Ruhmredner gefunden haben, die die besten Kräfte ihres Geistes und Körpers auf den Preis dieser Gegenstände verwandten! Von mir aber werdet ihr jetzt aus dem Stegreif eine zwar nicht ausgefeilte, aber umso wahrere Rede zu hören bekommen.

Glaubt indes nicht, dass ich dies nur sage, um etwa mit meinem Talent zu prahlen, wie es die meisten Redner tun. Ihr kennt das ja zur Genüge: Sie veröffentlichen ein Werk, an dem sie dreißig Jahre gearbeitet haben – oft ist es auch dann nur aus anderen Büchern zusammengeschriebenes Zeug –, und versichern hoch und heilig, dass sie es in drei Tagen, um sich zu zerstreuen, geschrieben oder diktiert hätten. Mir macht es jedoch stets ein unaussprechliches Vergnügen zu reden, wie mir der Schnabel gewachsen ist.

Auch müsst ihr darauf verzichten, dass ich nach der trivialen Schulmethode den Begriff meines Selbst definiere oder gar einteile: Beides wäre für mich von übler Vorbedeutung. Wie soll ich mich einschränken, da doch meine Macht ebenso weit reicht wie das Menschengeschlecht? Wie mich zerteilen, da doch alles einig ist, meine Gottheit gelten zu lassen? Da ich übrigens leibhaftig hier vor euch stehe und ihr mich seht, so wie ich wirklich bin, was soll ich euch da erst in einer Definition die Umrisse meines Bildes vorzeichnen?

Wisset, ich bin in Wahrheit jene Geberin des Guten, die *Torheit*, die man auf Lateinisch *stultitia*, auf Griechisch *Μωρία* nennt. Aber hatte ich noch nötig, dies zu sagen? Spricht nicht schon mein Gesicht? Steht mir nicht auf der Stirn geschrieben, wer ich bin? Und wenn sich nun jemand grob täuschte und behaupten wollte, ich sei Minerva oder die Weisheit, der braucht mich nur ordentlich anzusehen; er wird mich gründlich kennen lernen, ohne dass ich auch nur ein Wort rede, denn mein Gesicht ist kein Trugspiegel meines Inneren. Bei mir gibt's weder Schminke noch Verstellung: Wie ich äußerlich erscheine, so sieht es auch in meiner Seele aus. Ich bleibe mir stets selbst gleich: Das ist so wahr, dass diejenigen meiner Anhänger, die unter der lächerlichen Maske der Weisheit sich »Weise« titulieren, mich dennoch nicht verleugnen können; sie gleichen Affen, die sich mit Purpur umkleidet haben, Eseln, die das Fell eines Löwen tragen. Mögen sie sich noch so große Mühe geben, sich zu verstellen, ein Paar Eselsöhrchen wird doch stets den Midas verraten.

Diese Schelme haben sich wirklich des schwärzesten Undanks schuldig gemacht! Schon lange gehören sie unserer Partei an und schämen sich doch so sehr, vor der Öffentlichkeit diesen Namen zu tragen, dass sie ihn öfter anderen wie eine Schande und Unehre vorwerfen. Da sie aber in Wahrheit große Toren sind, dennoch aber für Weise, ja, für Männer wie Thales angesehen werden wollen, können wir sie da nicht mit vollem Recht »Weisheitstoren« nennen?

Auch darin haben sie es für ratsam erachtet, unsere heutigen Redner nachzuahmen, die vollkommene Götter zu sein glauben, wenn sie wie der Blutegel über zwei Zungen verfügen, und es für etwas Bewunderungswürdiges ansehen, hier und da – oft natürlich am unrechten Platz – einige griechische Brocken als Verzierungen ihren lateinischen Reden einzufügen. Wenn ihnen die Kenntnis der fremden Sprachen fehlt, dann nehmen sie aus irgendeinem verschimmelten Buch vier oder fünf alte Worte, um damit das Publikum zu blenden. Wer diese Worte kennt, freut sich über sein eigenes Wissen, und wer nichts davon versteht, staunt nach Verhältnis seiner Unkenntnis darüber. Denn für uns Toren ist es nicht eine der geringsten Freuden, mit äußerster Bewunderung auf alles zu blicken, was aus weiter Ferne kommt. Wenn jedoch einige ehrgeizig sind und gern den Glauben erwecken möchten, als verständen sie jene fremde Sprache, so brauchen sie nur ein vergnügtes Gesicht zu machen, Beifall zu klatschen und wie die Esel mit den Ohren zu wackeln. »Und das war das.«

Ich nehme jetzt meinen Faden wieder auf. Ihr kennt nun meinen Namen, meine Herr … welches Beiwort soll ich euch geben? Wie soll ich euch anreden, wenn nicht mit »meine sehr törichten Herren«? Kann wohl die Göttin Torheit schicklicher zu ihren Priestern sprechen? Doch da nur wenige unter euch auch mit meiner Geburt und meiner Familie genauer bekannt sind, so will ich versuchen, euch, wenn mir die Musen ihren Beistand leihen, meine Geschichte zu erzählen. Wisset im Voraus, dass ich weder die Tochter des Chaos bin noch des Orkus, des Saturn, des Japetus oder irgendeines anderen jener steinalten, abgelebten Plundergötter. Mein Vater ist Plutus, der Gott des Reichtums, der, mögen Hesiod, Homer und selbst Jupiter mein Wort nicht missfällig aufnehmen, »der Vater der Menschen und Götter« ist. Plutus, der jetzt wie einst nach seinem Belieben Heiliges und Unheiliges drunter und drüber kehrt, Plutus, der nach seinem Willen Krieg, Frieden, Königreiche, Ratsversammlungen, Gerichte, öffentliche Sitzungen, Heiraten, Verträge, Bündnisse, Gesetze, Künste, Scherz, Ernst – oh, ich kann nicht weiter, ich komme außer Atem – kurz, der nach seinem Gefallen alle Angelegenheiten der Menschen im Allgemeinen wie im Besonderen lenkt, Plutus, ohne dessen Beistand die ganze Schar der poetischen Gottheiten oder, noch mehr gesagt, die auserlesenen Götter erster Ordnung selbst entweder überhaupt nicht sein würden oder doch wenigstens mit recht magerer Opferkost sich begnügen müssten, Plutus endlich, dessen Zorn so fürchterlich ist, dass selbst Pallas die Sterblichen nicht davor zu schützen vermöchte, dessen Gunst aber so mächtig wirkt, dass der, der sie genießt, den ganzen Jupiter samt seinen Blitzen zum Teufel jagen könnte. Von solchem Vater rühme ich mich abzustammen. Ich bin jedoch nicht wie die griesgrämige, finstere Pallas aus dem Haupt Jupiters und auch nicht aus dem Haupt meines Vaters hervorgegangen, sondern mich gebar Neotes, die schönste und heiterste aller Nymphen. Mein Vater und meine Mutter waren nicht durch die kummervolle Ehe miteinander verbunden; ich wurde nicht, wie der hinkende Vulkan, als rechtmäßiges Kind gezeugt, sondern meine Eltern vereinigten sich, was ungleich angenehmer ist, »in Zärtlichkeit und Liebe«, wie unser Homer sagt. Mein Vater ist aber nicht, damit ihr es wohl wisst, jener Plutus des Aristophanes, gebeugt von der Last der Jahre und des Augenlichts beraubt, sondern der jugendliche Plutus, noch frei von jedem Gebrechen, mit heißem Blut, das ihm ungestüm in den Adern floss, freilich nicht nur wegen seiner feurigen Jünglingskraft, sondern fast mehr noch infolge des Nektars, den er gerade bei einem himmlischen Mahl ziemlich reichlich und unverdünnt genossen hatte.

Wenn ihr mich auch nach dem Ort meiner Geburt fragt – denn heutzutage ist es von einer gewissen Wichtigkeit für die vornehme Abkunft, der Öffentlichkeit zu verkünden, wo man sein erstes Schreien hat ertönen lassen –, so bin ich weder auf der schwimmenden Insel Delos geboren, noch aus dem Schoß des Meeres hervorgegangen, noch habe ich »in gewölbten Höhlen« das Licht des Tages erblickt, sondern meine Geburtsstätte sind jene seligen Inseln, auf denen alles ungesät und ungepflügt hervorsprießt. Arbeit, Alter, Krankheit betreten meine Heimat nie; auf ihren Gefilden findet man weder Asphodelusknollen noch Malven, Zwiebeln, Lupinen, Bohnen oder sonstige gemeine Küchengewächse, statt dessen aber trägt die Erde, was nur das Auge zu entzücken und dem Geruch zu schmeicheln vermag: Moly, Panace, Nepenthes, Mariolan, Ambrosia, Lotus, Rosen, Veilchen, Hyazinthen, wie in den Gärten des Adonis. An einem so herrlichen Ort geboren, eröffnete ich mein Leben keineswegs mit Tränen, sondern lachte meine Mutter gleich schelmisch an. Übrigens bin ich nicht im Mindesten neidisch auf den Allvater Kronion, dass er eine Ziege zur Amme gehabt, denn mich haben zwei der zierlichsten Nymphen an ihrem Busen genährt, die eine Methe, eine Tochter des Bacchus, die andere Apädia, eine Tochter Pans. Ihr seht beide in meinem Gefolge. Bei der Gelegenheit ist es auch gut, dass ich euch gleich meine anderen Begleiterinnen und Dienerinnen vorstelle. Jene Schöne da mit den stolz erhobenen Augenbrauen ist die Eigenliebe. Jene, die so beifällig mit den Augen blinzelt und in die Hände klatscht, ist die Schmeichelei. Diese halb Eingeschlummerte dort, von der man sagen möchte, dass sie wirklich schlafe, heißt die Vergesslichkeit. Jene da, die sich mit verschlungenen Händen auf beide Ellbogen stützt, ist die Arbeitsscheu. Die andere dort, die, mit Rosengewinden geschmückt, am ganzen Körper von Wohlgerüchen duftet, ist die Sinnenlust. Jene mit dem unstet umherirrenden Blick ist die Unvernunft. Endlich diese hier, die Rundliche, Wohlbeleibte mit der schimmernden Haut heißt die Genusssucht. Bei diesen Nymphen seht ihr auch zwei Götter: Der eine ist der Schlemmer, der andere der todesähnliche Schlaf. Von dieser Schar unterstützt und treu bedient, herrsche ich allüberall, und die Fürsten selbst sind meiner Macht unterworfen.

So seid ihr also über meine Eltern, meine Erziehung und mein Gefolge unterrichtet. Jetzt will ich euch, damit ich mir den Namen einer Göttin nicht, ohne dass er mir zukommt, anzumaßen scheine, darlegen, wie nützlich ich Göttern und Menschen bin und wie weit meine göttliche Macht reicht. Hört gut zu!

Jemand hat einmal sehr verständig bemerkt, das erst heiße ein Gott sein, den Menschen ihre Pilgerfahrt hier auf Erden zu erleichtern, und wenn man nach diesem Grundsatz diejenigen vergöttert hat, die den Sterblichen den Wein, das Getreide und andere Erhaltungs- und Verschönerungsmittel des Lebens gebracht haben, warum sollte man mich nicht gleichsam das Alpha aller

Gottheiten nennen, warum mich nicht als die höchste verehren, mich, die ich doch allein jedem Menschen jede Art von Gütern zuteile? Denn zunächst, was kann es Süßeres oder Kostbareres geben als das Leben selbst? Wer aber hat mehr teil als ich an der Erzeugung aller lebenden Wesen? Weder die Lanze der hochgeborenen Pallas noch die Ägis Jupiters, des Wolkensammlers, haben Einfluss auf die Entstehung und Fortpflanzung des Menschengeschlechts. Ja, er selber, der Vater der Götter und König der Sterblichen, der durch einen einzigen Wink den ganzen Olymp erzittern lässt, muss doch seinen dreizackigen Blitz bescheiden beiseite legen, die furchtbare Miene, durch die er, wenn es ihm gefällt, seine ganze himmlische Umgebung niederschmettert, absetzen und nach Schauspielerart kläglich eine fremde Gestalt annehmen, wenn er mal gern Kinder zeugen möchte, wonach er übrigens oft genug Verlangen spürt.

Die Stoiker bilden sich ein, von allen Sterblichen den Göttern am nächsten zu kommen. Nehmt aber nur einen jener ehrwürdigen Gelehrten; mag er drei, vier, ja meinetwegen tausend Mal Stoiker sein, er wird sicherlich, wenn auch nicht seinen Bart, den wesentlichsten Schmuck der Weisheit – ein Schmuck, den er übrigens mit dem Bock gemein hat –, so doch seine peinliche Strenge ablegen, seine faltenreiche Stirn glätten, seine harte Sittenlehre aufgeben und in Wort oder Tat irgendwelche Dummheiten begehen müssen – kurz, mich, *mich* sage ich, muss jener Weise zu Hilfe rufen, wenn er –, Vater zu werden wünscht. Und warum soll ich nicht nach meiner Gewohnheit frei und offen mit euch plaudern? Sagt mir, ist etwa dem Kopf, dem Gesicht, der Brust, der

Hand, dem Ohr, die alle doch für acht- und ehrbare Glieder gelten, die Fähigkeit verliehen, Götter und Menschen hervorzubringen? Wenn ich mich nicht irre, so taugen sie insgesamt nicht zur Fortpflanzung, vielmehr ist ein gewisser Teil, der so närrisch, so drollig aussieht, dass man ihn ohne Lachen nicht auszusprechen vermöchte, der wahre Multiplikator des Menschengeschlechts. Aus dieser heiligen Quelle schöpft jedes Wesen sein Leben, und zwar mit größerer Bestimmtheit als beim Pythagoras aus der Vierzahl. Welcher Mann aber, ich beschwöre euch, möchte sein Haupt wohl dem Joch der Ehe beugen, wenn er, wie es die Philosophen gewöhnlich tun, die Last und Plage dieses Standes gehörig erwogen hätte? Welches Weib würde sich den ehelichen Pflichten unterziehen wollen, wenn sie wüsste oder bei sich bedächte, wie gefahr- und schmerzvoll die Entbindung, wie beschwerlich die Erziehung der Kinder ist? Wenn ihr demnach das Leben der Ehe und die Ehe jener Unvernunft, die eine meiner Begleiterinnen ist, verdankt, so urteilt selbst, zu wie großer Erkenntlichkeit ihr mir verpflichtet seid. Eine Frau vollends, die schon einmal eine Zeit lang die Dornen der Ehe gefühlt hat und sich entschließt, zum zweiten Mal den Druck jener Fesseln auf sich zu nehmen, tut sie dies nicht mit Hilfe meiner treuen Gefährtin, der Vergesslichkeit? Venus selbst würde, trotz der Einsprache des Lukrez, nicht zu leugnen wagen, dass ohne meine Macht und meinen Beistand ihre Kraft und Stärke bald erlahmen müssten. Aus diesem lieblichen Spiel also, in dem Lachen, Scherz und Taumel ihren Platz behaupten, sind die strengen Philosophen hervorgegangen, deren Stelle jetzt jene

Menschen, die das Volk Mönche nennt, vertreten; eben daher stammen die Fürsten und Könige, die Bischöfe und Kardinäle, ja, selbst die dreimal heiligen Väter! Schließlich auch die ganze Schar der dichterischen Gottheiten, deren Zahl so groß ist, dass der Olymp, der doch sehr geräumig, sie nicht zu fassen vermag.

Aber das bedeutet nur wenig, dass von mir der Keim und Urquell des Lebens ausgeht, wenn ich nicht auch beweise, dass alle Annehmlichkeiten des Daseins meiner Freigebigkeit zu danken sind. Verdiente überhaupt dieses Erdenleben ohne das Vergnügen den Namen eines Lebens? Bravo! Ihr klatscht in die Hände! Ich wusste wohl, dass keiner von euch weise oder besser: töricht genug – nein, ich will doch lieber sagen: weise genug wäre, um eine solche Ansicht zu hegen. Glaubt mir, auch die Stoiker verachten die Genüsse keineswegs, obwohl sie vor der Öffentlichkeit sie eifrigst beschimpfen und verlästern; natürlich warnen sie die anderen nur vor dem Vergnügen, um es selbst nachher desto sicherer und voller genießen zu können. Aber, beim Jupiter, diese Heuchler sollen mir doch einmal aufrichtig sagen, ob es einen Tag im Leben gibt, der nicht traurig, kummervoll, langweilig, widerwärtig, beschwerlich wäre, wenn man ihn nicht durch den Genuss und das Vergnügen, das heißt durch die Würze der Torheit schmackhaft machte. Als unwiderleglicher Zeuge steht mir Sophokles zur Seite, den ich nicht genug rühmen kann; ihr kennt ja den wunderschönen Lobspruch, den er mir spendet: »Im Unverstand nur ist das Leben angenehm.« Legen wir dies ausführlicher dar.

Ihr wisst alle, dass uns die Kinder in ihren ersten Lebensjahren am meisten gefallen und am teuersten sind. Warum aber lieben, küssen und herzen wir die Kleinen so innig, warum empfindet ein Feind sogar Rührung bei ihrem Anblick und schirmt sie in der Not? Weil die Natur, die alles weise lenkt, mit gutem Vorbedacht den Neugeborenen den verlockenden Reiz der Torheit ausgeprägt hat, durch den sie das Vergnügen, das sie erwecken, noch erhöhen und so die Mühe ihrer Erzieher versüßen, die Gunst ihrer Beschützer gewinnen können. Der Kindheit folgt die Jugend. Man liebt die emporblühenden Kinder zärtlich, man hilft ihnen gern, man fördert, man unterstützt sie. Und von wem empfängt diese Jugend ihre Anmut? Von wem, wenn nicht von mir, die ich ihr den Vorzug verleihe, möglichst töricht und darum möglichst sorgenfrei zu leben? Ich will gern als Lügnerin gelten, wenn die jungen Leute nicht in der Zeit ihrer Entwicklung und allmählichen Reife, wo sie dann, durch Unterweisungen und den Umgang mit der großen Welt geleitet, den Weg der Weisheit betreten, alsbald immer mehr von der Blüte ihrer schönen Gestalt verlieren, ihr reges Wesen einbüßen und ihren beweglichen Geist schwerfällig werden, ihre Kraft erlöschen sehen. Je weiter der Jüngling sich von mir entfernt, umso weniger genießt er das Leben, bis er schließlich an das beschwerliche und mürrische Greisenalter gelangt, durch das er nicht nur anderen, sondern auch sich selbst zur Last fällt. Dieses Ende der Erdenlaufbahn wäre fürwahr allen Sterblichen unerträglich, wenn nicht ich wiederum aus Mitleid mit so schwerer Qual ihnen hilfreich die Hand böte. Wie die Götter bei den Dichtern die armen Menschenkinder oft durch irgendeine Metamorphose vor dem Untergang bewahren, so führe ich die, welche schon am Rande des Grabes stehen, so gut es geht, zur Kindheit wieder zurück, daher auch die treffende Bezeichnung im Volksmund: »Kindischgewordene«. Ihr werdet mich nun gewiss fragen, wie ich das denn eigentlich anstelle; auch das will ich euch nicht verhehlen. Ich führe sie an unseren Lethestrom – denn, beiläufig bemerkt, dieser Fluss entspringt auf den seligen Inseln, und durch die Unterwelt fließt nur ein ganz kleiner Arm –, ich lasse sie in vollen Zügen von dem Wasser der Vergessenheit trinken, und siehe! Allmählich schwinden ihre Sorgen, sie werden wieder jung. Aber sie faseln, sagt man, und reden albernes Zeug. Gut! Gerade das ist es ja, was man wieder jung werden nennt. Heißt Kind sein nicht, Dummheiten begehen in Wort und Tat? Gefällt uns nicht gerade an den Kindern am meisten, dass sie keinen Verstand besitzen? Wer würde nicht vor einem Kind, das wie ein reifer Mann spräche und handelte, wie vor einem Ungeheuer Hass und Abscheu empfinden? »Ich hasse ein altkluges Kind«, ist ein passendes, sehr bekanntes Sprichwort. Wer aber könnte wohl freundschaftlichen Umgang mit einem Greis pflegen, der neben einer langjährigen Erfahrung noch die ganze Schärfe seines Geistes und Urteils besäße? Darum werden durch meine große Güte die Greise wieder kindisch, und mir haben sie es zu danken, dass sie von den lästigen Sorgen, die den Weisen plagen und quälen, befreit sind. Übrigens ist mein alberner Schwätzer keineswegs ein ungemütlicher Zechgenosse. Er spürt ja nichts von dem Verdruss des Lebens, den das männliche Alter kaum zu ertragen vermag. Ja, manchmal versteigt er sich sogar so weit, die drei Buchstaben jenes Greises im Plautus wieder aufzunehmen. Erhellt es nicht, dass er im Besitz auch der geringsten Weisheit sehr unglücklich wäre? Aber durch meine Güte führt er ein glückseliges Dasein, zerstreut seine Freunde und gefällt in der Unterhaltung. Spricht nicht bei Homer der greise Nestor »süßer denn Honig«, während der wilde Achill seinem Zorn in tobenden Worten Luft macht? Und hören wir nicht, wie bei demselben Dichter gewisse Greise auf der Mauer recht artige Dinge schwatzen? Wenn man dem weiter nachgeht, so scheint das Glück des Alters das der Kindheit sogar zu übertreffen. Die Kindlein sind zwar glücklich, aber sie können nicht sprechen und müssen die Geschwätzigkeit, eine so bedeutende Würze des Lebens, entbehren. Ein weiterer Beweis für meinen Vergleich ist, dass die Greise zu den Kindern eine innige Neigung fühlen, und Kinder wiederum großes Gefallen an Greisen haben, »wie doch stets den Gleichen ein Gott gesellet zum Gleichen«. Ich finde in der Tat zwischen diesen beiden Lebensaltern nur einen Unterschied: Die Stirn des Greises ist gerunzelt und deutet auf eine größere Zahl von Geburtstagen. Im Übrigen sind Greisen und Kindern die weißen Haare, das Fehlen der Zähne, die Unansehnlichkeit des Körpers, der Appetit auf Milch, das Stammeln, die Schwatzhaftigkeit, die Albernheit, Vergesslichkeit, Unbedachtsamkeit, kurz alles andere gemeinsam. Je älter ein Mensch wird, desto mehr nähert er sich der Kindheit, bis er endlich aus dieser Welt scheidet, wie ein Kind, ohne etwas von Lebensüberdruss zu wissen oder von Todesahnung zu spüren.

Jetzt urteile über mich, wer da will, und vergleiche diese meine Wohltat mit den Verwandlungen, die durch die Gunst der anderen Götter den Sterblichen zuteil werden. Ich will hier nicht von den schrecklichen Folgen ihres Zorns reden, verwandeln sie doch schon die, welche sie durch ihre Gunst und ihren Schutz auszeichnen, in einen Baum, in einen Vogel, in eine Grille oder gar in eine Schlange. Als wenn der Übergang von einem Wesen in ein anderes nicht erst recht der Tod wäre! Ich dagegen lasse den Menschen in sein bestes und glücklichstes Alter zurückkehren.

Wenn die Sterblichen sich stets jedes Umgangs mit der Weisheit enthielten und nur nach meinen Gesetzen lebten, so würden sie kein Greisenalter kennen und im Genuss einer ewigen Jugend glücklich sein. Seht euch nur einmal die finsteren Mienen derer an, die sich tief in das Studium der Philosophie oder in andere schwierige und ernste Fragen versenkt haben. Diese Leute scheinen schon Greise zu sein, ehe sie überhaupt noch Jünglinge waren, weil eben Sorgen und eine fortgesetzt angestrengte Geistestätigkeit nach und nach die Lebensgeister töten und die Lebenssäfte aussaugen. Meine treuen Untertanen aber sehen feist, gesund und wohlgenährt aus; man möchte sie, wie man sagt, für gut gemästete arkananische Schweine halten. Sie würden gewiss nie die Gebrechen des Alters fühlen, wenn sie sich nicht doch dann und wann ein wenig von den Weisen anstecken ließen. Allein der Mensch ist nun einmal nicht geboren, vollkommenes Glück auf Erden zu genießen. Ferner kann ich auch für mich das bedeutsame Zeugnis eines Sprichworts anführen, das besagt, dass die Torheit allein die sonst so flüchtige Jugend festzuhalten und das leidige Greisenalter zu bannen imstande sei. Hiernach ist auch das, was man gewöhnlich von den Bewohnern Brabants sagt, recht wohl begründet: Anstatt, wie die anderen Menschen, mit den Jahren verständiger zu werden, zeigen sie sich nur umso törichter, je näher sie dem Greisenalter kommen; man kann aber auch dreist behaupten, dass es sich mit keiner Nation angenehmer verkehren lasse, noch dass irgendeine andere weniger unter dem Druck der Jahre zu leiden habe. An diese reihen sich meine lieben Holländer, die unter demselben Himmelsstrich wohnen und fast die gleichen Gebräuche haben. Warum soll ich sie nicht die meinen nennen, da sie so große Anhänglichkeit zu mir besitzen, dass sie sich dadurch sogar ein von meinem Namen abgeleitetes Beiwort verdient haben? Weit entfernt, sich dessen zu schämen, sehen sie sogar einen ganz besonderen Ruhm darin. Immerhin mögen denn die erzdummen Sterblichen Medea, Circe, Venus und Aurora anrufen und nach irgendeiner Quelle suchen, durch die sie wieder jung werden: Dieses Gut vermag ich allein zu verleihen, und ich verleihe es täglich. Ich besitze jenen wundertätigen Saft, mit dem die Tochter Memnons die Jugend ihres Großvaters Tithonus ausdehnte; ich bin die Venus, durch deren Gunst Phaon aus einem Greis in einen so schönen Jüngling verwandelt wurde, dass Sappho sich ganz närrisch in ihn verliebte. Mir gehören die Wunderkräuter, wenn es solche überhaupt gibt, mir die Zaubermittel, mir jene Quelle, die die entschwundene Jugend nicht nur zurückruft, sondern ihr – was unvergleichlich mehr wert ist – lebenslängliche Dauer verleiht. Wenn ihr nun insgesamt zugesteht, dass es auf der Welt nichts Liebenswerteres gibt als die Jugend, nichts Hassenswürdigeres als das Greisenalter, so darf ich wohl mit Recht schließen, dass ihr erkennt, wie großen Dank ihr mir schuldig seid, die ich euch ein unschätzbares Gut dauernd gewähre und euch von einem unermesslichen Übel stets fernhalte.

Doch ich verweile zu lange bei den Menschen. Durchmustert den ganzen Himmel, und ich will gern dulden, dass jeder mir den Namen, den ich trage, unter Schmähungen vorwerfe, wenn sich eine einzige Gottheit findet, die nicht unfreundlich und verächtlich wäre, falls sie sich nicht durch meine Empfehlung beliebt machte. Warum hat Bacchus stets das volle Gesicht und das üppige Haar eines Jünglings? Weil er sein ganzes Leben unter Schwelgereien und Gelagen, in Ausgelassenheit und Freude, mit Tanzen und Spielen hinbringt und nie im Geringsten mit der spröden Pallas in Berührung kommt. Ja, er beansprucht so wenig, für weise zu gelten, dass er sich im Gegenteil bei seinem Kultus an den Narrheiten und Tollheiten seiner Anhänger höchlichst ergötzt. Er nimmt nicht den mindesten Anstoß an dem Beinamen »der Hanswurst«, den das Sprichwort ihm gibt, denn das bedeutet doch jene Bezeichnung: Er ist noch törichter als Morychus. Und mit Recht hat man den Namen des Morychus auf ihn angewandt, weil ihm die übermütigen Landleute, wenn er vor der Tür seines Tempels sitzt, das Gesicht mit süßem Most und frischen Feigen zu bestreichen pflegen. Und wie viel spitze Pfeile, wird man sagen, hat nicht das »alte Lustspiel« gegen euren Bacchus geschleudert! Der törichte, unverschämte Gott! schreit man; fürwahr er verdient es, aus einem Schenkel hervorgegangen zu sein!

Aber ich frage, wer unter euch möchte nicht lieber solch ein geckenhafter Tor sein, stets anmutig jung, immer gern gesehen, überall willkommen geheißen, als der tiefsinnige Jupiter, der aller Welt Entsetzen einflößt, oder Pan, der ein Vergnügen daran findet, panische Schrecken zu verbreiten, oder Vulkan, der in seiner Schmiede ganz schwarz und rußig geworden ist, oder endlich selbst Pallas, die durch ihr Gorgonenhaupt und ihre Lanze furchtbar ist und stets mit finsterem Ernst blickt! Doch warum bleibt Cupido ewig ein Knabe? Warum? Weil er sich nur an scherzende Tändelei hält und jede verständige Tat, jeden vernünftigen Gedanken meidet. Und warum prangt die Schönheit der blond gelockten Venus in unverwelklicher Frühlingsblüte? Nun, weil wir beide nah miteinander verwandt sind, strahlt sie wie mein Vater ganz in Gold und heißt auch bei Homer die »goldne Aphrodite«. Auch lächelt sie beständig, wenn man den Dichtern oder den Bildhauern, ihren Rivalen, Glauben schenken darf. War nicht Flora, die Mutter des Vergnügens, eine der Hauptgottheiten, welche die Römer verehrten? Wenn aber jemand Näheres über das Leben der mürrischen und grämlichen Götter Homers und der anderen Dichter erfahren will, dann wird er finden, dass auch hier alles von Torheit strotzt. Was brauche ich erst noch die Dummheiten aller übrigen aufzuzählen, da euch doch als wahr bekannt ist, dass selbst der Donnergott Jupiter dem Spiel der süßen Liebe huldigt, dass die strenge Diana, die ihr Geschlecht gänzlich vergisst und die ganze Zeit auf der Jagd zubringt, sich dennoch sterblich in ihren Endymion verliebte! Ich wünschte, dass Momus sie alle an ihre Streiche erinnerte, was er früher oft tat. Doch die Götter schleuderten ihn jüngst mitsamt der Ate im Zorn vom Himmel auf die Erde, da er durch sein ewiges Weisheitsgeschwätz ihrer Seligkeit zur Last war. Nun irrt der arme Verbannte überall umher, und niemand öffnet ihm gastlich sein Haus. Noch weniger mögen ihn die Fürsten an ihrem Hof leiden, denn meine Genossin, die Schmeichelei, die dort in aller Herzen herrscht, verträgt sich mit Momus wie der Wolf mit dem Lamm. Nachdem die Götter sich so von dem spöttischen Sittenrichter befreit haben, überlassen sie sich, ohne einen Zensor fürchten zu brauchen, noch weit freier dem Scherz und der Freude und führen, wie Homer sagt, ein sorgenloses Leben. Wie oft bringt nicht Priapus eine seiner verblümten Redensarten vor! Wie oft erweckt nicht Merkur durch seine Diebstähle und Gaunereien schallendes Gelächter! Ja, sogar Vulkan nimmt an allem teil und spielt den Komiker bei der Schmauserei der Götter, die er durch seinen hinkenden Gang, durch seine Witze und Possen ergötzt. Was soll ich von Silen sagen, diesem alten, verliebten Narren, der mit dem plump umhertappenden Polyphem und den zierlichen, barfüßigen Nymphen einen ländlichen Reigen tanzt? Was von den Satyrn, den halben Böcken, die mit ihren Sprüngen die Atellanen aufführen? Pan belustigt die Götter durch seine faden und abgeschmackten Lieder, die sie lieber hören als die der Musen selbst, zumal wenn der Nektar ihnen etwas zu Kopf gestiegen ist. Wenn die Himmlischen vollends die

Festfreude bis auf den Gipfel getrieben haben, dann sagen und tun sie nach der Mahlzeit wahrhaftig so viel Unschickliches, dass sogar ich mich des Lachens oft nicht erwehren kann. Doch hierbei ist es besser, sich des Harpokrates zu erinnern, sonst könnte doch vielleicht irgendein Gott von Korykus hören, wie ich hier erzähle, was nicht einmal Momus ungestraft hat aussprechen dürfen.

Doch es ist Zeit, nach dem Vorbild Homers die Himmlischen zu verlassen und auf die Erde zurückzukehren, denn ich will euch im Einzelnen darlegen, dass die Menschen nur so viel Glück und Freude genießen, als ich ihnen gewähre. Erstens erkennt ihr, mit welcher Umsicht die Natur, diese Mutter und Meisterin des Menschengeschlechts, Sorge getragen hat, überall die Würze und das Salz der Torheit zu verbreiten. Nach der Definition der Stoiker heißt weise sein, sich der Vernunft gemäß betragen, und töricht sein, den Leidenschaften freien Lauf lassen. Nun, wie viel mehr Leidenschaften als Vernunft hat Jupiter den Menschen verliehen, aus Furcht, ihr Leben könnte sich traurig und trübselig gestalten! Das Verhältnis ist etwa das einer halben Unze zum As. Überdies hat Jupiter diese Vernunft in einen kleinen Winkel des Kopfes verwiesen und den ganzen übrigen Körper der Unordnung und Verwirrung preisgegeben. Doch damit nicht zufrieden, hat er der Vernunft, die allein dasteht, zwei furchtbare Feinde entgegengesetzt: Der eine ist der Zorn, der im Herzen gebietet, dieser Festung im Innern der Brust, dieser Quelle alles Lebens, der andere ist der lüsterne Trieb, der in dem weiten Bereich der unedleren Teile mächtig ist. Was die Vernunft gegen diese beiden Tyrannen vermag, das beweist wohl hinlänglich das gewöhnliche Treiben der Menschen. Sie predigt sich heiser im Kampf gegen das Laster, sie schreibt unaufhörlich die Pflichten der Schicklichkeit vor – damit ist aber auch ihre Macht zu Ende; jene aber verspotten ihre Königin und überschreien die Ärmste mit schrillen, hässlichen Misstönen, bis sie ermattet freiwillig das Feld räumt und sich gefangen gibt. Da übrigens der Mann zur Verwaltung und Leitung der öffentlichen Geschäfte geboren ist und es deshalb wohl recht war, das ihm gewordene kleine Stückchen Vernunft etwas zu vergrößern, hat Jupiter, in dem Bestreben, diesem Übel so gut als möglich abzuhelfen, mich hierüber wie über alles andere um Rat gefragt. Ich machte ihm bald einen meiner würdigen Vorschläge. »Herr«, sprach ich, »gebt dem Mann ein Weib. Das Weib ist freilich ein dummes und albernes Geschöpf, doch es ist von Natur sanft und lieblich, und wenn es in häuslicher Gemeinschaft mit dem Mann lebt, wird es leicht durch seine mutwillige Torheit die Traurigkeit und den Ernst des Mannes lindern und versüßen.« Denn wenn Platon zu zweifeln scheint, ob er das Weib zu der Klasse der vernunftbegabten oder der unvernünftigen Wesen rechnen solle, so wollte er damit nur die hervorragende Torheit dieses Geschlechts andeuten. Es ist in der Tat dem Weib so eigentümlich, töricht zu sein, dass die, welche für weise gelten will, ihre Torheit dadurch nur verdoppelt, so als wollte man einen Ochsen, was doch seiner ganzen Natur zuwiderläuft, mit demselben Öl bestreichen, das die Athleten zu gebrauchen pflegten. Denn wer gegen sein eigentliches Wesen sich mit der Schminke der

Tugend schmückt und so seinen wahren Charakter zu verbergen sucht, der erreicht nur, dass er doppelt lasterhaft erscheint. Wie nichts mehr mit der Erfahrung übereinstimmt als das alte griechische Sprichwort »Der Affe bleibt Affe, und wäre er mit Purpur angetan«, so mag auch das Weib sich immerhin maskieren, es bleibt trotzdem ein Weib, das heißt eine Törin.

Ich glaube indessen nicht, dass das schöne Geschlecht so töricht ist, mir zu zürnen, wenn ich ihm Torheit zuspreche, bin ich doch selbst ein Weib und gar die personifizierte Torheit! Denn wenn sie die Verhältnisse nach Recht und Billigkeit abwägen wollen, müssen sie gerade dieser Torheit dankbar sein, durch die sie in vielen Beziehungen glücklicher als die Männer sind. Die Frauen haben den Vorzug der Schönheit, den sie mit Recht an die Spitze stellen können und durch dessen Reize sie selbst die grausamsten Tyrannen tyrannisieren. Beim Mann liegt oft schon in der Gestalt etwas Erschreckendes; seine raue Haut, sein dichter Bart sind vorzeitige Zeichen des Alters: Und dies alles kommt von der leidigen Klugheit. Die Frauen hingegen haben stets glatte Wangen, stets eine feine Stimme und einen zarten Teint, als sei ihr Leben eine beständige Nachahmung der Jugend. Welches andere Streben kennen sie ferner, als den Männern möglichst zu gefallen? Ist das nicht der einzige Zweck des Putzes, der Schminke, des Bades, der Frisur, der Salben, der Wohlgerüche und so vieler anderer Kunstmittel, die sie anwenden, um ihr Gesicht zu verschönern, ihre Augenbrauen zu malen und ihre Haut zu pflegen? Wollt ihr noch deutlicher sehen, dass nur die Torheit die Gewalt der Frauen über die Männer bewirbt?

Nun, es gibt wohl kaum etwas, was diese den Weibern nicht gestatten – und welcher andere Gedanke, welcher andere Reiz treibt sie dazu als der der Wollust? Es ergötzen eben die Frauen allein durch die Torheit. Die Wahrheit dieses Satzes wird der nicht bestreiten können, der darüber nachdenkt, welche plumpen Albernheiten ein Mann jedes Mal mit einer Frau schwatzt, welche täppischen Scherze er anstellt, wenn er die Freuden eines Schäferstündchens genießen möchte.

Ich habe euch hiermit die Quelle der ersten und höchsten Lust im Leben gezeigt. Ich gebe zu, dass für gewisse Leute, besonders für jene Greise, die mehr lustige Zecher als lockere Zeisige sind, die Flasche der Gipfel alles Vergnügens ist. Ob aber ein fröhliches Mahl überhaupt ohne Frauen denkbar ist, lasse ich unentschieden; ich führe nur die Tatsache an, dass jeder Schmaus, der durch die Torheit nicht belebt wird, der lieblichsten Würze entbehrt. Das ist so richtig, dass, wenn keiner der Gäste durch wahre oder erheuchelte Torheit Gelächter hervorruft, man einen Possenreißer mieten oder irgendeinen spaßhaften Schmarotzer suchen muss, der durch seine Witze und törichten Reden das unheimliche Schweigen, den düsteren Kummer von der Tafel verbannen soll. Denn was nützte es wohl, sich den Magen mit den feinsten Speisen und köstlichsten Leckerbissen zu füllen, wenn man nicht auch Auge und Ohr, Geist und Herz durch Heiterkeit, Scherz und Laune nährte? Ich allein aber bin die Spenderin solcher Genüsse. All die feierlichen Gebräuche beim Festmahl, wie losen, wer den Vorsitz führen soll, Würfel spielen, die gegenseitige Gesundheit ausbringen, der Reihe nach aus demselben

Becher trinken, einen Rundgesang mit dem Myrtenzweig singen, tanzen, sich in komischen Stellungen bewegen, sind wahrlich nicht von den sieben Weisen Griechenlands, sondern nur von mir zum Heil der Menschheit erfunden worden. Alle Dinge dieser Art sind so beschaffen, dass sie, je mehr Torheit in ihnen steckt, desto mehr dem menschlichen Leben nützen, das ohne Vergnügen diesen Namen überhaupt nicht verdient; ohne Vergnügen aber fließen eure Tage notwendig dahin, wenn ihr den Gram, der mit euch geboren ist, nicht durch solche Ergötzlichkeiten verscheucht.

Vielleicht gibt es jedoch Leute, die auch dieses Vergnügen für nichts achten und ihr einziges Glück im liebevollen Verkehr mit wahren Freunden sehen, indem sie die Freundschaft als das vorzüglichste aller Güter preisen und für ein ebenso unentbehrliches Lebensbedürfnis ansehen wie Luft, Feuer oder Wasser. Die Freundschaft, sagen sie, ist so wohltuend, dass, wer sie auf der Welt vertilgen wollte, die Sonne vertilgen würde. Sie ist so ehrenwert – wenn dieser Ausdruck überhaupt etwas bedeuten will –, dass selbst die Philosophen sich nicht scheuen, sie zu den höchsten Vorzügen zu zählen. Was wird man aber wohl sagen, wenn ich zeige, dass ich die Quelle und Urheberin auch dieses so viel gerühmten Gutes bin? Ich will euch dies darlegen, aber nicht durch Krokodilschlüsse, Soritesketten, verfängliche Fragen oder andere dialektische Spitzfindigkeiten der Art, sondern ich werde euch die Sache deutlich, augenfällig und handgreiflich beweisen. Wohlan also, sehen wir zu! Grenzt es nicht an Torheit, wenn man gegen die Fehler seiner Freunde nachsichtig ist, sie zu verdecken sucht, sich über dieselben täuscht und sie nicht sehen will, ja, wenn man große Laster sogar schätzt und bewundert als seien es Tugenden? Wenn ein Mann ein Muttermal seiner Freundin küsst, wenn ein zweiter sich an einem widrigen Gewächs in der Nase seiner Geliebten ergötzt oder wenn ein Vater von seinem schielenden Sohn behauptet, er blinzele nur, was ist dies alles anders als die purste Torheit? Sagt es nur laut, dass es drei, vier Mal Torheit sei, denn gerade diese »Torheit knüpft und erhält der Freundschaft innige Bande«. Ich spreche hier nur von Sterblichen, von denen »ohne Fehler nicht einen es gibt und als bester nur der gilt, der am wenigsten lasterhaft ist«. Jene Weisen nämlich, die sich durch ihre Philosophie gottähnlich zu machen rühmen, vereinigen sich entweder nie durch das Band der Freundschaft, oder ihre Freundschaft ist nur eine lästige, unangenehme Verbindung, die sie noch dazu mit sehr wenigen schließen. Ich könnte es nicht verantworten, wollte ich sagen, dass sie überhaupt mit niemandem vertraulich verkehren; denn da die überwiegende Mehrzahl der Menschen töricht ist und es keinen einzigen gibt, der nicht einmal nach der einen oder anderen Seite hin Dummheiten beginge, so ähneln sich eben in diesem Punkt alle, und in der Ähnlichkeit ist die Grundlage zur Freundschaft zu suchen. Wenn diese strengen Philosophen sich bisweilen durch gegenseitiges Wohlwollen aneinander ketten, so ist dieses Band doch nur schwach und von kurzer Dauer. Sie haben ja wunderliche, schwer zu befriedigende Launen und sind bei den Fehlern ihrer Freunde scharfsichtig wie ein Adler oder wie die epidaurische Schlange, während für die Selbsterkenntnis ihr Auge nicht so weit reicht, um den

Sack mit den eigenen Fehlern zu sehen, der ihnen auf dem Rücken hängt. Weil aber bekanntermaßen alle Menschen von Natur an großen Unvollkommenheiten leiden, wie könnte da wohl, wenn ihr noch den Unterschied in Gesinnung und Neigung, die große Zahl von Verirrungen, Fehltritten und Misserfolgen in diesem Leben hinzurechnet, die Freundschaft auch nur eine Stunde zwischen diesen mit Argusaugen begabten Männern bestehen, käme nicht, wie die Griechen es so passend nennen, »Gutmütigkeit«, oder wie ihr es werdet bezeichnen wollen, Torheit oder Fügsamkeit des Charakters hinzu? Hat nicht Cupido, der Stifter und Vater aller Zuneigung, stets die Augen verbunden? Wie er deshalb das Hässliche für schön hält, so bewirkt er auch bei euch, dass ein jeder mit dem seinen zufrieden lebt und dass der Greis ebenso verliebt in die Alte ist wie der Knabe in das Mädchen. Das ist nun so der Lauf der Welt, und man lacht darüber, aber gerade dieses Lächerliche übt im Leben einen ungemein hohen Reiz aus und ist eines der stärksten gesellschaftlichen Bande.

Was wir soeben von der Freundschaft gesagt haben, wollen wir in noch höherem Grad von der Ehe denken und aussprechen, die ja doch die innigste Verschmelzung des Lebens zweier Wesen ist. Unsterbliche Götter! Wie viel Ehescheidungen und noch viel schlimmere Dinge würden allerorten vorkommen, wenn die häusliche Gemeinschaft zwischen Mann und Weib nicht durch Schmeichelei, Scherz, Nachgiebigkeit, Täuschung und Verstellung, die alle zu meinem Gefolge gehören, aufrecht erhalten und genährt würde! Wie wenige Ehen würden überhaupt zustande kommen, wenn der Bräutigam so klug wäre, sich einmal recht nach dem Spiel umzutun, das seine kleine Geliebte, die so schamhaft, so unerfahren erscheint, bereits vor der Hochzeit getrieben hat! Wie wenige schon geschlossene Ehen würden von Dauer sein, wenn die Nachlässigkeit oder Dummheit der Männer diese dem Treiben ihrer Frauen gegenüber nicht blind machte! Man nennt dies Torheit und mit Recht; doch es ist dieselbe Torheit, durch deren Macht die Frau dem Mann, der Mann der Frau gefällt, sodass am Ende das Haus ruhig und das eheliche Leben ungestört bleibt. Man verspottet den Gatten, man nennt ihn »Hahnrei«, »Schlappschwanz« und der Teufel weiß, was man ihm hinter seinem Rücken sonst noch für schöne Bezeichnungen gibt, während der gutmütige Mann mit zärtlichen Küssen die Tränen seiner buhlerischen Ehehälfte erstickt. Aber ist es nicht zehn Mal besser, sich so zu täuschen, als von Eifersucht gestachelt sich selbst in Gram zu verzehren und überall böses Gerede und trauriges Aufsehen zu machen? Hieraus folgt also: Ohne mich ist im Leben kein Bund, keine Gemeinschaft angenehm noch dauernd, und zwar würde das Volk nicht lange seinen Fürsten, der Herr nicht seinen Diener, die Zofe nicht ihre gnädige Frau, der Lehrer nicht seinen Schüler, der Freund nicht den Freund, die Gattin nicht den Gatten, der Wirt nicht den Mieter, der Gefährte nicht den Gefährten, kurz, kein Mensch den anderen dulden, wenn sie sich nicht gegenseitig bald täuschten, bald schmeichelten und klug einander nachgäben, wenn schließlich nicht alles durch eine Beigabe von Torheit gewürzt wäre. Ich zweifle keineswegs, dass euch dies äußerst wichtig erscheint, doch ihr sollt gleich noch bedeutsamere Dinge zu hören bekommen.

Sagt mir, ich bitte euch, kann ein Mensch, der sich selbst hasst, einen anderen lieben? Kann sich mit einem anderen vertragen, wer mit sich selber uneinig ist? Vermag man wohl Lust und Freude einzuflößen, wenn man sich selbst zur Last fällt? Nur ein Tor, der noch törichter ist als die Torheit, möchte diese Fragen bejahen. Wenn ihr mich aber verbannt, wird nicht nur kein Mensch mit einem anderen zusammenleben können, sondern ein jeder wird sich selbst auch als stinkend und schmutzig erkennen und sich verabscheuen. Die Natur, die bei vielen Dingen mehr stiefmütterlich als mütterlich zu Werke geht, hat ja den Menschen, vornehmlich den verständigeren, den unglücklichen Hang verliehen, mit dem, was sie haben, unzufrieden zu sein und Fremdes staunend zu bewundern. Daher kommt es, dass alle Gaben, Reize und Annehmlichkeiten des Lebens kränkeln und zugrunde gehen. Wozu nützt ein schönes Gesicht, das kostbarste Gut, das die unsterblichen Götter verleihen können, wenn ein übler Geruch es verpestet? Was nützt die Jugend, wenn greisenhafte Schwermut ihre Kräfte lähmt? Kurz, wie werdet ihr trotz aller irdischen Vorzüge, sei es für euch, sei es für andere mit Wohlanständigkeit handeln können – denn die Hauptsache jeder Kunstfertigkeit wie jeder Handlung ist, dass, was man tut, mit Schicklichkeit getan werde –, wenn meine Philautia euch nicht als Helferin zur Seite steht, die Eigenliebe, die mir mit Recht teuer ist wie eine Schwester! In der Tat weiß sie mich ausgezeichnet überall zu vertreten. Denn was gibt es Törichteres als von seinen eigenen guten Eigenschaften bezaubert, von seinen eigenen Verdiensten entzückt zu sein? Wenn ihr euch aber selbst missfallt, seid ihr nicht imstande, irgendetwas Schönes oder Gefälliges hervorzubringen oder überhaupt etwas zu tun, was nicht gegen die Wohlanständigkeit verstieße. Nehmt dem Leben diese Würze: Sogleich bleibt der Redner in seinem Vortrag stecken, der Musiker mit seinen Läufen und Trillern ruft nur mitleidiges Achselzucken hervor, man zischt den Schauspieler mitsamt seinen Heften aus, man lacht über Dichter und Musen, der Maler erntet nur Verachtung mit seiner Kunst, der Arzt stirbt vor Hunger trotz aller Heilmittel – aus einem Nireus werdet ihr ein Thersites, aus einem Phaon ein Nestor, aus einer Minerva ein Schwein werden, und anstatt dass man euch früher um eurer Beredsamkeit und eurer feinen Sitten willen schätzte, geltet ihr dann nur als lallende Kinder und Flegel. Von so hoher Wichtigkeit ist es, dass jeder sich selber schmeichle und in seinem Innern erst ein gutes Stück Eigenlob und Selbstgefälligkeit entstehen lasse, ehe er nach dem Beifall der anderen streben kann. Wenn endlich die irdische Glückseligkeit hauptsächlich darin besteht, dass man nicht mehr sein will als man ist, so kann diesen Schatz voll und ganz meine liebe Philautia verleihen. Dank ihrer Wohltat ist jeder mit seinem Gesicht, seinem Geist, seiner Familie, seiner Stellung, seiner Lebensweise, seiner Heimat zufrieden; der Irländer möchte nicht mit dem Italiener, der Thraker nicht mit dem Athener, der Skythe nicht mit dem Bewohner der seligen Inseln tauschen. Bewunderungswürdige Vorsehung der Natur, die es trotz einer unendlichen Verschiedenheit doch verstanden hat, Gleichmäßigkeit in alle Dinge zu bringen! Wo sie ihre Gaben nur karg verteilte, da hat sie zum Ersatz das Gut der Eigenliebe reichlicher zugemessen. Doch dies Letzte ist wahrlich töricht geredet, denn gerade diese Liebe seiner selbst ist bei weitem das vorzüglichste Geschenk.

Ich darf es wohl kühn aussprechen: Alle glänzenden Leistungen werden nur auf meinen Antrieb ausgeführt, alle gepriesenen Künste sind nur auf meine Veranlassung erfunden worden. Ist der Krieg nicht das Saatfeld, nicht der Urquell jeder rühmenswerten Tat? Und was kann es dennoch Törichteres geben? Zwei Parteien schlagen sich, Gott weiß warum, und beide haben am Ende mehr Schaden als Vorteil. Um die, welche im Krieg den Tod finden, kümmert man sich ebenso wenig, als seien Megarer gefallen. Ferner aber, wenn beide Heere in Schlachtreihe aufgestellt sind und »mit dumpfem Getön ringsum die Hörner erschallen«, sagt mir, bitte, was nützen dann jene Weisen, die, durch fortwährendes Denken und Studieren erschöpft, mit ihrem dünnen, kalten Blut kaum das liebe Leben haben? Es bedarf vielmehr jener dicken, kräftigen Männer, die möglichst viel Kühnheit, aber möglichst wenig Verstand besitzen. War es nicht prachtvoll, einen Demosthenes in Kriegsrüstung zu sehen, der dann auch wirklich, als er den Feind erblickte, nach dem weisen Rat des Archilochus seinen Schild fortwarf und floh, was er nur laufen konnte, als Soldat ebenso feige, wie als Redner ausgezeichnet. Aber im Krieg, wird man einwenden, ist doch Klugheit von außerordentlicher Bedeutung. Ganz recht: beim Heerführer; zudem ist dies eine Wissenschaft, die nur dem Waffenhandwerk eigen ist und mit der philosophischen Weisheit nichts gemein hat. Rechnet man dies ab, so können sich Schmarotzer, Kuppler, Räuber, Mörder, Bauern, Dummköpfe, Betrüger und überhaupt alle, die man zur Hefe der Bevölkerung zählt, unsterblichen Ruhm erwerben, nie aber Philosophen, die nach der Nachtlampe riechen. Wie unbrauchbar übrigens die Gelehrten für die Praxis des täglichen Lebens sind, dafür legt euch das Beispiel des Sokrates Zeugnis ab, den das Orakel des Apollo als den weisesten bezeichnet hatte, was keineswegs sehr weise war. Als dieser Philosoph irgendetwas für das öffentliche Wohl unternahm, verdiente er sich den bittersten Spott der Menge und musste beschämt abziehen. Dennoch aber war der Mann darin nicht ganz dumm, dass er sich beständig gegen den Beinamen des Weisen wehrte, weil diese Bezeichnung nur der Gottheit zukomme, und auch darin nicht, dass er der Meinung war, ein Gelehrter dürfe sich nie in die Leitung der öffentlichen Angelegenheiten mischen; freilich hätte er noch hinzufügen sollen, dass der, welcher für einen wahren Menschen gelten wolle, sich überhaupt jeder Weisheit enthalten müsse. Was hat ihn wohl sonst dahin gebracht, dass er angeklagt wurde und den Schierlingsbecher trinken musste, als seine Weisheit? Denn während er über Wolken und tiefsinnige Begriffe grübelte, während er den Fuß eines Flohs ausmaß und den Gesang der Mücke bewunderte, lernte er sein ganzes Leben nicht, praktisch zu sein, ebenso wenig sein Schüler Platon, der, wahrlich ein herrlicher Anwalt, seinem in Todesgefahr schwebenden Lehrer zur Seite stehen wollte, aber durch den Lärm der Menge erschreckt mitten im ersten Satz stecken blieb. Was soll ich ferner von Theophrast sagen, der in einer Volksversammlung zu reden versuchte und so plötzlich verstummte, als hätte ihn »der Wolf gesehen«. War das nicht der rechte Mann, einem Soldaten im Krieg Mut einzuflößen? Der schüchterne Isokrates wagte nie öffentlich den Mund aufzutun. Selbst Cicero, jener Vater der römischen Beredsamkeit, zitterte und stotterte stets wie ein lallendes Kind zu Beginn seiner Reden; freilich sieht Fabius die Sache von einer anderen Seite und behauptet, diese Furchtsamkeit sei das Zeichen eines tüchtigen Redners, der sich der schweren Verantwortlichkeit, die auf ihm ruhe, wohl bewusst sei. Aber wenn er dies sagt, gibt er da nicht deutlich zu, dass Weisheit der guten Führung öffentlicher Geschäfte im Weg stehe? Wie sollten jene Widerstand leisten, wenn es zu einem wirklichen Kampf kommt, die schon vor Furcht fast sterben, wenn es sich nur um einen Streit mit der Zunge handelt? Und da hält man noch jenen herrlichen Ausspruch Platons so wert, dass die Staaten glücklich sein würden, wenn entweder die Philosophen regierten oder die Fürsten Philosophen wären! Ganz im Gegenteil! Schlagt die Historiker nach: Ihr werdet finden, dass es für die Staaten stets am verderblichsten war, wenn die Herrschaft irgendeinem Philosophaster zufiel oder in die Hände eines Fürsten kam, der die schönen Wissenschaften liebte. Dies beweisen, meine ich, hinlänglich die beiden Catos: Der eine störte die Ruhe Roms durch wahnsinnige Angebereien, der andere stürzte die römische Freiheit von Grund aus um, weil er zu weise die Interessen des Staates vertrat. Ebenso war es mit Brutus,

Cassius, den Gracchen, ohne Cicero zu vergessen, der dem römischen Staat ebenso viel Unglück brachte wie Demosthenes dem athenischen. Ferner gestehe ich gern ein, denn dazu kann ich mich ja immerhin bequemen, dass Mark Aurel ein guter Kaiser war, dennoch machte er sich durch seine Philosophie seinen Untertanen lästig, ja sogar verhasst. Immerhin aber war er ein guter Fürst; trotzdem bleibt es stets wahr, dass er dem Staat keinen schlimmeren Dienst leisten konnte, als ihm seinen Sohn zum Nachfolger zu lassen, wodurch er größeres Verderben über das Reich brachte, als seine eigene Regierung demselben Vorteil gewährt hatte. Überhaupt ist diese Art von Menschen, die sich dem Studium der Weisheit hingeben, in allem sehr unglücklich, vornehmlich jedoch in ihren Kindern; ich denke mir, dass dies durch eine besondere Vorsehung der Natur so geschieht, damit die Pest der Weisheit sich nicht zu weit unter den Sterblichen ausbreite. Ciceros Sohn entartete, und der weise Sokrates hatte Kinder, die mehr der Mutter als dem Vater glichen, wie es jemand nicht uneben ausgedrückt hat, oder die, gerade heraus gesagt, töricht und dumm waren.

Aber man würde schon Geduld haben, wenn diese Philosophen sich nur in öffentlichen Ämtern und Stellungen benähmen wie die Esel beim Lautenschlagen, sie taugen jedoch nicht einmal für die Pflichten und Forderungen des alltäglichen Lebens. Ladet einen Weisen zu einem Gastmahl ein: Er wird entweder trübselig und stumm dasitzen oder die Gesellschaft unaufhörlich mit seinem lästigen Gefrage stören; fordert ihn zum Tanz auf: Er wird eurer Bitte mit der ganzen Geschicklichkeit eines Kamels genügen; führt ihn zu den öffentlichen

Spielen: Seine Miene allein wird die allgemeine Freude hemmen, und der ehrwürdige Cato, der sich beständig weigert, seinen Ernst abzulegen, wird notgedrungen den Platz räumen müssen. Wenn er in eine lebhafte Unterhaltung hineinfällt, dann ist es, als ob »der Wolf« des Märchens komme. Gilt es, etwas zu kaufen, einen Vertrag abzuschließen, kurz, handelt es sich um irgendeine notwendige Sache, die innerhalb des gewöhnlichen Verlaufs des Lebens liegt, so möchte man ihn eher für einen Stock als für einen Menschen halten. Dieser Philosoph ist also zu nichts gut, weder für sich, noch für sein Vaterland, noch für die Seinen, weil er weder Lebensart noch Lebensklugheit besitzt und seine Ansichten und Gewohnheiten von denen der Menge ganz und gar abweichen; was Wunder, dass ihm dieser große Unterschied in Benehmen wie in Gesinnung den allgemeinen Hass einbringt? Denn alles, was bei den Menschen vorgeht, ist voll von Torheit; es sind nur Toren, die mit Toren umgehen, und wenn ein einziger Kopf es unternehmen will, sich der Gesamtheit zu widersetzen, so kann ich ihm nur den Rat erteilen, wie einst Timon in eine Wüste zu fliehen und seine Weisheit zu höchsteigenem Gebrauch dorthin mitzunehmen.

Doch kehren wir auf den verlassenen Weg zurück. Welche Macht hat jene von Natur rauen, wilden und bäurischen Menschen in den Umkreis einer Stadt versammelt? Allein die Schmeichelei. Nur das ist es, was die Fabeln von Amphions und Orpheus Leier besagen wollen. Was hat die römischen Plebejer, als sie sich schon mit den gefährlichsten Plänen trugen, zu einträchtiger

Bürgergemeinschaft zurückgeführt? Etwa eine philosophische Rede? Nichts weniger als das: eine lächerliche, kindische Fabel vom Magen und den anderen Teilen des Körpers war es. Dasselbe bewirkte Themistokles durch seine Erzählung vom Fuchs und dem Igel. Hätte ein Weiser mit den tiefsten Vernunftgründen wohl jemals einen Erfolg erreicht wie Sertorius mit seiner erdichteten Hirschkuh und mit seiner drolligen List von den Pferdeschwänzen? Oder wie jener berühmte Gesetzgeber Lazedämons mit den zwei Hunden? Ich will von Minos und Numa schweigen, die durch allerlei Fabeln und Erzählungen die plumpe Masse zu regieren wussten. Denn hauptsächlich diese Kinderpossen wirken auf das große, ungeschlachte Tier, genannt Volksmenge.

Ich frage euch weiter: Welcher Staat hat je die Gesetze eines Platon, eines Aristoteles oder die Lehren eines Sokrates angenommen? Welchen Grund aber hatten die Decier, sich den Göttern der Unterwelt zu weihen? Was bewog den Quintus Curtius, sich in den Abgrund zu stürzen? War es nicht die Lockung des eitlen Ruhmes, dieser bezaubernden Sirene, die von unseren Weisen so tief missachtet wird? Was gibt es Törichteres, zetern sie, als das Volk zu liebkosen, um Ehrenstellen zu erhalten? Was Einfältigeres, als um seine Gunst durch Bestechung zu buhlen, nach dem Beifall so vieler Toren zu jagen, ihre Zurufe wohlgefällig aufzunehmen, sich wie ein Bild zur Schaulust der Menge durch die Stadt tragen zu lassen oder als Statue auf dem Markt zu stehen? Dazu der Eifer des Volkes, seinem Götzenbild Titel und Beinamen zu geben! Dazu die göttlichen Ehren, die man einem verdienten Erdenwurm spendet. Dazu schließlich die öffentlichen Feierlichkeiten, um selbst die grausamsten Tyrannen unter die Götter zu versetzen! Gewiss ist nichts törichter als alles dies, und ein Demokrit würde nicht genügen, es zu verlachen. Ist es aber deshalb weniger wahr, dass die Torheit die Quelle aller jener berühmten Heldentaten bildet, deren Lob durch den Mund so vieler beredter Männer bis zum Himmel erhoben wird? Diese Torheit gründet die Bürgergemeinschaften; durch sie bestehen Regierung, Beamtentum, Religion, Ratskollegien, Gerichtshöfe, und so ist denn das ganze menschliche Leben nur eine Art Spiel der Torheit.

Um auch von den schönen Wissenschaften zu reden: Was in aller Welt hat die Menschen dazu getrieben, so viele – nach ihrer Meinung – herrliche Kunstzweige zu erdenken und ihren Nachkommen zu hinterlassen, wenn nicht der Durst nach Ruhm? Diese Erztoren glaubten weder gründliche Studien noch saure Arbeit sparen zu dürfen, um sich ich weiß nicht was für einen Ruf zu erwerben, der im Grunde genommen nur ein eitles Trugbild ist. Aber schließlich bleibt es doch die Torheit, der ihr so manche nützliche Einrichtung im Leben verdankt; ihr genießt die Dummheit anderer, und das ist eine der größten Annehmlichkeiten auf Erden.

Was würdet ihr aber wohl sagen, wenn ich jetzt, nachdem ich mein Lob über meine Kraft und meinen Fleiß hier niedergelegt, es unternähme, auch meine Klugheit zu rühmen? Das ist ja gerade, wird man einwenden, als wollte ich Feuer und Wasser mischen; dennoch hoffe ich, dass es mir gelingen wird, wenn ihr mir nur weiter aufmerksam zuhört.

Wenn die Klugheit in der erfahrenen Benutzung und Verwertung aller Dinge besteht, wer verdient da wohl eher den Beinamen »klug«: der Weise, der halb aus Bescheidenheit, halb aus Furchtsamkeit nichts beginnt, oder der Tor, den weder die Scham – denn er besitzt keine –, noch die Gefahr – denn er hat nicht Verstand genug, sie zu erkennen – von der Ausführung irgendeines Plans abhalten? Der Weise vergräbt sich mit seinen alten Büchern und lernt aus diesen schließlich nichts als reine Spitzfindigkeiten; der Tor dagegen erwirbt sich dadurch, dass er alles unternimmt und probiert, wenn ich mich nicht sehr täusche, die wahre Klugheit. Homer sah dies trotz seiner Blindheit recht wohl, denn er sagt: »Was geschehn ist, kennet der Tor auch.« Zwei Dinge vornehmlich hindern den Menschen an der richtigen Erkenntnis dessen, was zu tun notwendig ist: erstens die Scham, die den Geist verblendet, und dann die Furcht, die durch deutliches Vorhalten der Gefahr die Untätigkeit wünschenswerter erscheinen lässt. Aber der Torheit gelingt es prächtig, uns von alledem zu befreien. Nur wenige Menschen begreifen, wie nützlich es ist, dass man, um in der Welt Glück zu machen, niemals erröte und alles wage. Wenn sie jene Klugheit, die auf besonnenem Urteil beruht, höher schätzen, so seht, ich bitte euch, zu, wie weit ein solcher, der diese zu besitzen sich rühmt, von ihr entfernt ist. Zunächst steht es fest, dass alle Dinge im Leben wie die Silene des Alkibiades zwei verschiedene Gestalten haben.

Was äußerlich als der Tod erscheint, wird, wenn ihr es von innen betrachtet, sich als Leben darstellen, umgekehrt wird das Leben sich als Tod zeigen, die Schönheit als Hässlichkeit, der Reichtum als Armut, die Schande als Ruhm, die Gelehrtheit als Dummheit, die Stärke als Schwäche, der Mut als Feigheit, die Freude als Trauer, das Glück als Unglück, die Freundschaft als Feindschaft, das Heil als Unheil – kurz, jedes Ding wird, wenn ihr den Silen öffnet, plötzlich das Antlitz wechseln. Wem ich hier zu philosophisch zu sprechen scheine, gut, für den will ich mich verständlicher ausdrücken. Wer räumt nicht ein, dass ein König ein sehr reicher Mann und Herr über seine Untertanen ist? Wenn er aber roh und ungesittet ist, wenn nichts seinen Sinn befriedigen kann, werdet ihr mir dann nicht zugeben, dass er sehr arm sei? Wenn er sich durch alle Laster und Leidenschaften fortreißen lässt, ist er dann mehr als ein niedriger Sklave? Man könnte in gleicher Weise auch über die anderen Verhältnisse Betrachtungen anstellen, doch dies Beispiel genügt. Worauf soll denn das eigentlich hinaus? werdet ihr fragen. Nur ein wenig Geduld, ihr sollt es gleich erfahren. Wenn jemand einem Schauspieler, der gerade seine Rolle spielt, die Maske abzureißen versuchte, um den Zuschauern das wahre und natürliche Gesicht des Künstlers zu zeigen, würde der nicht das ganze Stück in Unordnung bringen? Verdiente er nicht, wie ein Wahnsinniger mit Steinwürfen aus dem Theater gejagt zu werden? Denn plötzlich würde sich doch ein ganz anderes Bild bieten: Es würde sich zeigen, dass die Frau ein Mann war, der Jüngling ein Greis, der König ein Dama, der Gott ein Erdenmenschlein. Den Zuschauern die Illusion rauben, heißt die ganze Vorstellung stören; ihr Blick ist durch diese Täuschung, diesen Trug gefesselt. Was ist nun das gesamte menschliche Leben anderes als eine Komödie, an der jeder in einer anderen Gestalt teilnimmt und seine Rolle unter der Maske so lange spielt, bis der große Theaterdirektor ihn die Bühne verlassen heißt? Dieser Direktor führt auch oft ein und denselben Schauspieler in verschiedener Kleidung vor: Wer eben noch herrlich geschmückt auf dem Thron saß, ist jetzt nur spärlich umhüllt mit Lumpen, wie Sklaven sie tragen. In der Tat, alles in dieser Welt ist nur ein schattenhafter Puppentanz, aber diese große Komödie wird nun einmal nicht anders gespielt.

Wenn hier irgendein vom Himmel gefallener Weiser plötzlich aufstünde und zu zetern anfinge: »Nein, nein! Der, den ihr alle als euren Gott und Herrn verehrt, ist nicht einmal ein Mensch, da er wie ein Tier nur den ihm innewohnenden Trieben folgt; er ist einer der niedrigsten und gemeinsten Sklaven, weil er so vielen schnöden Herren freiwillig dient!« Wenn dieser Weise jemanden, der über den Tod seines Vaters klagt, zum Lachen aufforderte, indem er ihm sagte, dass das ganze Erdendasein eigentlich nur eine Art Tod sei und sein Vater nunmehr das wahre Leben begonnen habe; wenn er ferner ärgerlich über einen Gecken, der seinen ganzen Ruhm in seinem berühmten Stammbaum sieht, diesen einen Unadligen und Bastard nennt, weil er von der Tugend, der einzigen Quelle des Adels, weit entfernt sei; wenn unser Philosoph schließlich in derselben Weise alle anderen Lebensstellungen und Lebenslagen durchginge, was wird es ihm anderes eintragen, als dass er bei allen für wahnwitzig und verrückt gilt? Wie es nichts Törichteres gibt als unzeitige Weisheit, so gibt es auch nichts Unverständigeres als übel angebrachte Klugheit. Es ist wirklich eine grobe Verkehrtheit, wenn man sich den übrigen Menschen nicht anbequemen und mit der Zeit, in der man geboren, nicht leben will; dann sollte man sich doch wenigstens jenes Gesetzes erinnern, das bei den Festmahlen der Griechen galt: »Sauf oder lauf«! Will man's anders, so verlangt man, dass die Komödie nicht mehr Komödie sei. Dagegen ist es ein Zeichen wahrer Klugheit, wenn man sich, da man von Natur nur Mensch ist, nicht über den menschlichen Standpunkt erhebt und wie die gesamte Mitwelt freiwillig die Augen schließt, um sich einer wohlgefälligen Täuschung hinzugeben. Aber eben dies, werden die Weisen sagen, ist ja Torheit. Ich gebe es zu; sie mögen mir jedoch ihrerseits einräumen, dass gerade das seine Rolle in der Weltkomödie spielen heißt.

Ferner ... Unsterbliche Götter! Soll ich reden? Soll ich schweigen? Doch warum sollte ich schweigen, da, was ich sagen will, ja wahrer als die Wahrheit selber ist? Indessen glaube ich bei einem so wichtigen Gegenstand vielleicht gut zu tun, wenn ich die Musen vom Helikon herbitte, die die Dichter ja öfter um die reinsten Kleinigkeiten anrufen. Steht mir darum auf kurze Zeit bei, ihr Töchter Jupiters, während ich zeige, dass jene so viel gerühmte Weisheit, die man als Bollwerk aller Glückseligkeit preist, nur unter der Leitung der Torheit zugänglich ist.

Zunächst ist es eine eingestandene Sache, dass alle Leidenschaften in den Bereich der Torheit gehören; das bildet ja eben den wesentlichen Unterschied zwischen dem Weisen und dem Toren, dass dieser kein anderes Gesetz kennt als seine Leidenschaft, jener hingegen in allem nur nach den Eingebungen der Vernunft handelt. Halten doch die Stoiker hierdurch von ihren Weisen jede Unruhe und Aufregung des Gemüts wie schlimme Krankheiten fern. Trotzdem bleibt es wahr, dass die Leidenschaften nicht nur die Stelle von Steuermännern einnehmen, die in den Hafen der Weisheit geleiten, sondern auch für die von der Tugend vorgeschriebenen Pflichten ebenso vielen treibenden Stacheln gleichen, die das Gute zu tun anspornen. Sicherlich bestreitet dies Seneca laut, dieser Erzstoiker, der dem Weisen alle Leidenschaften abspricht. Wenn er das aber tut, dann bleibt sein Philosoph kein Mensch mehr, sondern wird zu irgendeinem neuen Gott umgeschaffen, der nie und nirgends als Wesen bestanden hat noch bestehen wird; um es deutlicher zu sagen: Es ist ein menschliches Marmorbild, stumm und starr und jeder Gefühlsregung völlig bar. Mögen die Herren Stoiker sich ihres Weisen freuen, ihn unbeneidet und unbestritten lieben und mit ihm in dem Staat Platons oder, wenn sie es vorziehen, im Reich der Ideen oder endlich auch in den Gärten des Tantalus zusammenwohnen. Denn wer sollte nicht vor einem solchen Wesen wie vor einem Ungeheuer und Gespenst fliehen, wer nicht Schrecken bei dem Anblick eines Geschöpfes empfinden, dessen Sinne völlig stumpf sind, in dem keine Leidenschaft sich regt und der von Liebe und Mitleid ebenso tief bewegt wird »als wär Kiesel er gar oder ragt als marpesischer Felsen«. Nichts bleibt ihm unbemerkt, nie begeht er einen Irrtum, sondern wie ein Lynkeus durchschaut er alles; er erwägt jede Sache mit peinlichster Genauigkeit und lässt in keinem Punkt

Nachsicht walten; er ist nur mit sich selbst zufrieden, hält sich allein für reich, sich allein für verständig, betrachtet sich als den einzigen König, den einzigen Freien, kurz, er glaubt alles allein zu sein, ist aber auch der einzige, der das glaubt. Um Freunde kümmert er sich überhaupt nicht und hat darum auch keine; er macht sich kein Gewissen daraus, selbst mit den Göttern seinen Spott zu treiben, und behauptet schließlich, alles, was in der Welt vorgehe, sei wahnwitzig und verdiene nur, belacht zu werden. Dies ist das Bild jenes Wesens, das als vollendetes Muster der Weisheit gelten will. Sagt mir nun, ich bitte, wenn die Sache durch Abstimmung entschieden werden sollte, welche Stadt möchte wohl einen solchen Unmenschen zum Beamten wählen, welches Heer ihn zum Feldherrn begehren? Welche Frau wollte ein Geschöpf dieser Sorte zum Mann, welcher Wirt einen solchen Philosophen zum Gast, welcher Diener diesen Griesgram zum Herrn haben? Wer vermöchte es mit ihm auszuhalten? Man würde sich doch lieber unter dem törichtsten Pöbel einen aussuchen, der, selbst ein Tor, Toren zu befehlen und zu gehorchen versteht, der nach dem Geschmack seiner Gesinnungsgenossen, das heißt fast der gesamten Menschheit ist, der sich höflich seiner Gattin gegenüber, angenehm im Umgang mit seinen Freunden, unterhaltend bei Festlichkeiten und gefällig gegen seine Mitmenschen beweist, der schließlich sagt: Ich bin ein Mensch und aller menschlichen Schwächen fähig. Doch mich verdrießt jener grämliche Weise schon lange, darum will ich jetzt wieder von den Vorzügen des Lebens sprechen.

Wohlan, wenn man gleichsam von der Höhe einer Warte herab das Menschengeschlecht betrachtet, was nach der Aussage der Dichter auch Jupiter bisweilen tut, muss man da nicht gerührt sein von dem Unglück und Elend der Sterblichen? Schmerzvoll und schmutzig ist ihre Geburt, nur mit viel Mühe werden sie großgezogen, Not und Plagen haben sie in der Kindheit zu überstehen, die Jugend bringt ihnen unzählige Mühen, das Alter ist eine stete Quelle von Gebrechlichkeiten – und zum Schluss folgt unabwendbar der Tod. Und nun, während des ganzen Lebens: Welche schreckliche Fülle von Krankheiten, welche Unzahl von Zufällen und Beschwerlichkeiten! Und endlich keine Freude, kein Genuss, der nicht durch Kummer und Sorgen getrübt wäre! Um der Leiden gar nicht zu gedenken, die ein Mensch dem anderen bereitet – Armut, Gefangenschaft, Schimpf, Schande, Not, Hinterlist, Verrat, Beleidigung, Anklage, Schurkerei! Doch ich schicke mich an, den Sand am Meer zu zählen! Es ist mir jetzt nicht verstattet, euch zu sagen, durch welche Vergehen die Menschen alles dies verdient haben, noch welcher Gott es in seinem Zorn geschehen ließ, dass sie in diesem Jammertal geboren wurden. Jedenfalls wird der, welcher das Unglück der menschlichen Lage gründlich prüft, die Mädchen von Milet nicht tadeln können, obgleich ja überhaupt dieser Fall Mitleid erregt. Welches sind aber die Berühmtesten unter denen, die sich aus Lebensüberdruss selbst den Tod gaben? Waren es nicht die Freunde der Weisheit? Um von Diogenes, Xenokrates, Cato, Cassius und Brutus zu schweigen, zog nicht jener bekannte Chiron freiwillig den Tod vor, obgleich er hätte unsterblich sein können?

Urteilt hiernach, was wohl geschehen würde, wenn der Durchschnittsmensch sich einfallen ließe, weise zu sein; man würde bald eine neue Schlammmasse und einen zweiten Prometheus nötig haben. Ich aber beuge diesem Unfall vor, teils durch Unwissenheit, in der ich die Sterblichen halte, teils durch Unbesonnenheit, öfter durch Vergessenheit der Leiden, manchmal durch Hoffnung auf ein besseres Geschick, bisweilen durch die Reize des sinnlichen Vergnügens. Auf diese Art versüße ich das Los der Menschen, sodass sie das Leben selbst dann nicht verlassen mögen, wenn das Leben selber sie schon fast verlassen hat, und die Parzen ihnen den Lebensfaden bald abschneiden werden; je weniger Grund sie haben, am Leben zu hängen, desto länger wünschen sie zu leben, weit entfernt, die Zahl ihrer Tage zu groß zu finden. Eine Folge meiner Güte ist es, dass man überall abgelebte Greise umherlaufen sieht, die kaum noch menschliches Aussehen haben; sie stottern, schwatzen Unsinn, haben weder Zähne noch Haare, und Runzeln durchfurchen ihr Gesicht. Noch besser sagt dies Aristophanes: »Voll Wustes, krumm und jämmerlich, gerunzelt, kahl und zahnlos, auch ahnet mir, dem Greise fehlt, beim Himmel, gar die Vorhaut.« Doch das schadet alles nicht, sie freuen sich ihres Daseins und wollen sogar jung sein. Der eine färbt seine weißen Haare, der andere verbirgt seine Glatze unter einer Perücke; jener trägt künstliche Zähne, die er vielleicht von einem Schwein, seinem zweiten Ich, entlehnt hat; dieser verliebt sich sterblich in ein junges Mädchen und benimmt sich bei ihr törichter und alberner als jeder junge Mensch. Ja, es ist jetzt so gewöhnlich, einen gebeugten, steinalten Mann eine junge Frau ohne Mitgift nehmen zu sehen, dass man fast einen Grund zum Lob daraus macht; natürlich beschränkt das Weibchen seine Gunstbezeigungen nicht auf den Griesgram. Doch ich will euch ein lustigeres Bild entrollen. Es sind die verliebten alten Weiber, jene wandelnden Leichname, die aus der Unterwelt emporgestiegen scheinen und schon nach Moder duften. Aber sie verspüren noch immer Lust auf die Freuden des Lebens; geil wie die Hündinnen in der Brunftzeit oder, nach griechischer Sprechweise, wie die Böcke, suchen sie einen Phaon zu ergattern und bezahlen ihn reichlich.

Sie beschmieren sich ständig das Gesicht mit Schminke, befragen alle Augenblicke den Spiegel, kratzen sich die Schamhaare, zeigen ihren verwelkten, eingeschrumpften Busen, singen Liedchen mit schwacher, zitternder Stimme, um ihre alternden Triebe stets wach zu halten, trinken mit den jungen Leuten, tanzen mit den jungen Mädchen, ja, schreiben auch Liebesbriefe. Alle Welt schreit: Die alten Törinnen! Und die Welt hat Recht. Doch jene lachen selbstgefällig, leben im Taumel des höchsten Entzückens und genießen überreichlich ein süßes Glück, das nur ich ihnen verschaffe. Die eifrigen Spötter bitte ich doch, sich zu überlegen, ob es nicht besser ist, in Torheit ein so herrliches Freudenleben zu führen als sich, wie das Sprichwort lautet, einen Balken zum Aufhängen zu suchen. Aber es ist ja eine Schmach, wendet man ein, wie eure Greise und Greisinnen zu leben. Richtig! Indes schert das meine Toren nicht, die eine solche Schande entweder gar nicht fühlen oder, wenn sie dieselbe fühlen, sich leicht darüber zu trösten wissen. Fällt ihnen ein Stein auf den Kopf, so ist das ein wirkliches Übel; im Übrigen verletzen Schande, Schmach, Vorwürfe, Schmähungen nur in dem Maß, als man die Verletzung fühlt; wem dieses Gefühl abgeht, für den hören sie auch auf, übel zu sein. Was schadet es, dass euch das ganze Volk verlästere, wenn ihr selbst euch nur Beifall spendet? Bis zu diesem Grad der Vollkommenheit aber vermag ich allein euch zu erheben.

Doch ich glaube, die Philosophen zetern zu hören. Wie, rufen sie aus, gibt es etwas Elenderes, als von der Torheit ergriffen zu werden? Heißt das nicht, im Irrtum, in der Täuschung, in der Unwissenheit zu leben? – Im Gegenteil, es heißt: Mensch sein. Ich begreife gar nicht, warum ihr meine Toren Elende scheltet, wo ihr doch selbst ganz wie sie und wie überhaupt alle Menschen geboren, gebaut und organisiert seid! Nach meiner Ansicht kann man aber kein Wesen, das sich in seinem natürlichen Zustand befindet, elend nennen; ihr müsstet denn gerade über das Unglück des Menschen klagen wollen, dass ihm nicht, wie den Vögeln, Flügel verliehen sind, oder dass er nicht, wie andere Tiere, auf vier Füßen geht, oder nicht, wie die Stiere, mit Hörnern ausgerüstet ist. Mit demselben Recht könntet ihr auch ein edles Ross bejammern, dass es keine Grammatik auswendig gelernt hat und nicht mit Pasteten gefüttert wird, oder einen Stier beklagen, dass er für die Dressur in der Reitschule untauglich ist. Wie aber ein Pferd, das weder A noch B versteht, nicht elend ist, so kann auch ein Tor nicht unglücklich sein, da die Torheit in der Natur des Menschen liegt. Die scharfsinnigen Klügler machen mir jedoch hier einen neuen Einwurf. Der Mensch, sagen sie, besitzt allein unter allen Geschöpfen die hohe Gabe, sich

Künste und Wissenschaften anzueignen, und soll dieses Vorrecht benutzen, um durch seinen Geist zu ergänzen, was die Natur noch mangelhaft gelassen. – Als ob es auch nur den geringsten Schein von Wahrheit für sich hätte, dass die Natur, die bei der Versorgung der Insekten, Kräuter und Blumen so mütterlich wachte, bei der Ausstattung des Menschen geschlafen habe, sodass es erst noch der Wissenschaften bedurfte, die jener Theuth, ein gewaltiger Feind des Menschengeschlechts, zum größten Unglück der Sterblichen erfand; denn alle diese Dinge tragen nicht nur nicht zu jener Glückseligkeit bei, für die, wie man behauptet, sie bestimmt seien, sondern beeinträchtigen dieselbe sogar um vieles, wie denn auch der weise, verständige König, von dem wir beim Platon lesen, die Erfindung des Alphabets so witzig verspottete.

So haben sich wie die anderen Pesten des menschlichen Lebens das Wissen und der Kunstfleiß in der Welt verbreitet, von denselben Geistern erfunden, die alles Unglück über die Sterblichen brachten, ich meine von den Dämonen, die selbst diesen Namen, als *δαίμονες* – Wissende, von ihrer Wissenschaft entlehnt haben. All den gelehrten Kram kannte die schlichte Generation des goldenen Zeitalters nicht, die glücklich an der Hand der Natur und nach ihrem eigenen Trieb lebte. Wozu wäre damals auch wirklich die Grammatik nütze gewesen, da es nicht mehr als eine Sprache gab, die man nur gebrauchte, um einander verständlich zu werden? Wozu hätte man Logik nötig gehabt, da nie Streit über entgegengesetzte Meinungen stattfand? Wozu hätte die Redekunst in jener Zeit gedient, wo man keine Gerichtsverhandlungen kannte? Wozu die Kenntnis von Gesetzen, da noch die schlechten Sitten fehlten, die doch zweifellos die guten Gesetze bewirkt haben? Schließlich besaßen jene überglücklichen Sterblichen zu viel religiöse Scheu, um mit sträflicher Neugier die Geheimnisse der Natur zu erforschen, um über die Entfernungen und die Größe der Gestirne, über die Ursachen und Wirkungen ihrer Bewegungen und andere Probleme zu grübeln, da sie der Ansicht waren, ein so kleines Geschöpf wie der Mensch dürfe die ihm vorgeschriebenen Grenzen nicht überschreiten wollen. Zu wissen, was jenseits des Himmels sei, diese Abenteuerlichkeit kam ihnen überhaupt nie in den Sinn. Allmählich schwand aber jene glückliche Unschuld der goldenen Zeit, denn die Schlauköpfe ersannen, wie ich bereits sagte, die Künste, doch anfangs nur in geringer Zahl und auch erst von wenigen anerkannt. In der Folgezeit ersannen dann die Chaldäer mit ihrem Aberglauben und die Griechen durch ihren müßigen Leichtsinn noch tausend andere Dinge, förmliche Martern für den Geist, denn die Grammatik allein ist schon mehr als hinreichend, das ganze Leben zu einer beständigen Qual zu machen.

Von allen diesen Künsten schätzt man diejenigen am höchsten, die dem hausbackenen Verstand, das heißt der Torheit, am nächsten kommen. Der Magen des Theologen knurrt vor Hunger, der Physiker zittert vor Kälte, man verspottet den Astrologen, man verachtet den Dialektiker. Es bleibt nur der Arzt, »denn ein heilender Mann ist wert wie viele zu achten«. Und gerade je unwissender, kühner und verwegner der ist, welcher diesen Beruf ausübt, desto angesehener ist er bei den Großen, denn die Medizin, vornehmlich wie man sie heute handhabt, ist nur ein Teil der Schmeichelei, was sie sicherlich mit der Redekunst gemein hat.

Auf die Ärzte folgen unmittelbar die Rechtsgelehrten; vielleicht gebührt ihnen auch der erste Platz, sie, deren Beruf, um nicht meine eigene Meinung auszusprechen, die Philosophen mit auffälliger Übereinstimmung lachend eine Eselswissenschaft nennen. Esel hin, Esel her – sie bleiben doch immer die Leiter und Lenker der größten wie der kleinsten Geschäfte. Diese Herren werden wenigstens reich bei ihrem Handwerk, während so ein armer Theologe, hätte er auch sämtliche Geheimfächer des Himmelsschranks durchforscht, seine Bohnen kauen muss und beständig Krieg gegen Wanzen und Läuse zu führen hat. Wie demnach die nützlichsten Künste diejenigen sind, die in recht enger Verbindung mit der Torheit stehen, so sind die Menschen bei weitem die glückseligsten, die, ohne jegliche Beziehung zu den spekulativen und praktischen Wissenschaften, allein der Natur als ihrer Führerin folgen, die in keinem Punkt mangelhaft ist, wenn man nur nicht die Grenzpfähle seiner irdischen Bestimmung zu überspringen sich unterfängt. Die Natur hasst Schminke und Puder, und alles, was sie ohne Hilfe der Kunst hervorbringt, gedeiht und wächst am glücklichsten.

Ist es nicht offenbar, dass unter allen übrigen Gattungen von Wesen diejenigen das angenehmste Leben führen, die keinem Zwang unterworfen sind und nur die Natur zur Lehrerin haben? Was gibt es Glücklicheres, was Bewunderungswürdigeres als die Bienen? Bei diesen Insekten sind noch nicht einmal alle Sinne vollkommen, und doch – könnte die Architektur für die Errichtung von Gebäuden ein besseres Vorbild finden? Welcher Philosoph hätte je einen nur ähnlich sinnreichen Staat erdacht? Weil dagegen das Pferd etwas von menschlichem Geist und Verstand besitzt und das Unglück gehabt hat, dem Menschen dienstbar zu werden, so muss es auch ein Gutteil der Missgeschicke seines Herrn tragen. Kommt es doch oft genug vor, dass es beim Wettrennen, als schäme es sich zurückzubleiben, sich halb tot hetzte oder im Krieg, wenn es ehrgeizig den Sieg zu erringen trachtet, einen Schuss erhält, der Ross und Reiter ins Gras beißen lässt. Ganz schweigen will ich von dem harten Gebiss, von den Stichen der Sporen, von dem Gefängnis, Stall genannt, von den Peitschenhieben, den Stockschlägen, den Riemen, der Schwere des Reiters, kurz, von allen bitteren Folgen jener Knechtschaft, in die das Pferd sich freiwillig begeben hat, weil es nach dem Beispiel tapferer Helden in zu ungestümer Begierde sich an seinen Feinden rächen wollte. Um wie viel beneidenswerter ist doch das Leben der Fliegen und Vögel, die völlig frei allein ihrem natürlichen Instinkt folgen können, soweit Menschenlist ihnen diese Glückseligkeit gönnt. Wenn die Vögel in den Käfigen menschliche Laute sprechen lernen, so glaubt ihr gar nicht, wie viel sie von ihrer ursprünglichen Anmut verlieren. So unumstößlich wahr bleibt es, dass die Schöpfungen der schlichen Meisterin Natur in jeder Hinsicht vorzüglicher sind als die der geschminkten Kunst.

Ich kann kaum sagen, wie sehr ich hiernach den Pythagoras, der ein Hahn wurde, preisen möchte. In Folge der Seelenwanderung war er schon alles Mögliche gewesen: Philosoph, Mann, Frau, König, Privatmann, Fisch, Pferd, Frosch, ich glaube sogar, er war auch ein Schwamm; nach allen diesen Wanderungen erklärte er den Menschen für das unglücklichste aller Geschöpfe, da die anderen sich einzig an die Natur hielten, der Mensch allein aber die Grenzen seines Geschicks überschreiten wolle; unter den Menschen schätzte er wiederum die schlichten Bürger weit höher als die studierten Leute und die Großen des Reichs. Dasselbe dachte auch Gryllus, ein Mann, der entschieden vernünftiger war als sein Herr, der »vielerfahr'ne Odysseus«; er wollte lieber als Schwein im Stall grunzen als mit seinem Gebieter neue Gefahren und Abenteuer bestehen. Homer, der Vater des Humors, scheint der gleichen Ansicht zu sein, denn im Allgemeinen bezeichnet er die Sterblichen als »elend und bejammernswert«, ganz besonders aber nennt er seinen Ulysses, jenes hervorragende Muster der Weisheit, sehr oft den »unglücklichen Dulder«, ein Beiwort, das er dem Paris, Ajax oder Achilles an keiner Stelle gibt. Und warum dies? Weil Ulysses Schlauheit und Geist besaß und in allem den Rat der Pallas dem Antrieb der Natur vorzog. Es ist also erwiesen, dass die, welche sich dem Studium der Weisheit widmen, sich unendlich weit von der Glückseligkeit entfernen, und dabei sind sie Erztoren, denn sie sollten doch als simple Menschen ihre bescheidene Stellung nicht so gänzlich verkennen und in dem Bestreben, ein Götterleben zu führen, mit den Waffen ihrer Künste gleich den Giganten gegen die Natur ankämpfen; diejenigen hingegen besitzen das wahre Glück, die in Geist und Torheit den Tieren am ähnlichsten sind und nichts über den menschlichen Standpunkt hinaus unternehmen.

Wohlan, sehen wir zu, ob wir auch dies, freilich nicht durch die Beweggründe der Stoiker, sondern durch ein recht drastisches, augenfälliges Beispiel erhärten können. Unsterbliche Götter! Gibt es auf der Welt eine glücklichere Menschengattung als die, welche man gewöhnlich töricht, toll, geckenhaft und platt nennt? Oh, wie herrlich klingen diese Namen! Ich will euch jetzt etwas sagen, was ihr zuerst vielleicht für überspanntes, ungereimtes Zeug halten werdet, was aber dennoch bei weitem die tiefste Wahrheit birgt. Meine Toren fürchten sich keineswegs vor dem Tod, und diese Furcht, beim Jupiter, ist kein kleines Übel; sie sind frei von allen grausamen Gewissensqualen; die Fabeln von den Manen und dem Schattenreich schrecken sie nicht; sie haben keine Angst vor Gespenstern und Geistern, sie peinigt keine Sorge um drohendes Unheil, sie quält keine Hoffnung auf künftiges Glück, kurz, sie werden nicht durch die Tausende von Martern gefoltert, denen dieses Erdenleben unterworfen ist, wie Scham, Furcht, Ehrgeiz, Neid, Liebe. Wenn sie sich schließlich von den Tieren nur noch durch ihre äußere Gestalt unterscheiden, dann sind sie sogar, was euch die Theologen bestätigen werden, unfähig zu sündigen. Blicke hiernach in dich, wahnwitziger Anhänger der Weisheit, prüfe aufmerksam, wie großer Schmerz und Kummer dich Tag und Nacht quält, stelle dir in einem Gesamtbild alle Widerwärtigkeiten deines Lebens vor Augen, und du wirst die Leiden begreifen, von denen meine Toren nichts ahnen. Sie genießen nicht nur selber beständige Freude in Lachen, Scherz und

Frohsinn, sondern verbreiten auch Lust und Leben, Heiterkeit und Laune, wohin sie kommen, als hätten die gütigen Götter sie den Menschen nur geschenkt, um den Gram des irdischen Daseins zu lindern. Hieraus folgt auch, dass, während die Menschen sonst gegeneinander sehr verschiedene Gesinnungen haben, es allen ein gleiches Vergnügen macht, die Toren als die Ihrigen zu begrüßen, sie oft und gern zu begehren, sie zu nähren, zu pflegen, zu lieben, ihnen im Unglück beizustehen, ihnen schließlich jedwedes Wort und jedwede Tat straflos zu gestatten. Nicht nur sucht keiner ihnen zu schaden, sondern, mehr noch, die Tiere selbst drängen in ihrer Gegenwart die angeborene Wildheit zurück, als hätten sie ein natürliches Gefühl für die Unschuld jener. Denn die Toren sind den Göttern und vor allem mir wahrhaft heilig, und so ist es recht, sie hoch zu achten.

Bildet ferner der Umgang mit meinen Untertanen nicht einen Hochgenuss für die mächtigsten Fürsten? Können doch viele Monarchen ohne sie nicht frühstücken, nicht ausgehen, ja, kaum eine einzige Stunde zubringen. Einen wie großen Unterschied machen sie nicht zwischen ihren lustigen Possenreißern und jenen griesgrämigen Weisen, die sie nur halten, weil die Sitte des Hofes es so verlangt. Der Grund für diesen Unterschied liegt auf der Hand und ist keineswegs wunderbar. Die Philosophen reden gewöhnlich nur Betrübendes und nehmen sich sogar manchmal im Vertrauen auf ihr Wissen die Freiheit, scharfe Wahrheiten auszusprechen, die von den feinen Ohren ihrer Herren nur missfällig aufgenommen werden; die Toren hingegen bieten den Fürsten, was diese am meisten begehren: Witze, Späße,

Schwänke und Possen. Bemerkt weiterhin auch das nicht gering zu achtende Privileg der Toren, dass sie allein frei und wahr sprechen dürfen. Und was gibt es Schätzenswerteres als die Wahrheit? Wenn Alkibiades bei Platon sie nur auch dem Wein und den Kindern zuerkennt, so gebührt doch mir vor allem der Ruhm der Aufrichtigkeit und Offenheit; ich berufe mich hierbei auf das Zeugnis des Euripides, dessen herrliches Wort »Offen spricht allein der Tor« genugsam bekannt ist. Was der Tor auf dem Herzen hat, das drückt er auch untrüglich in seinen Mienen aus und gibt es klar durch seine Rede kund. Die Weisen aber besitzen, nach den Worten desselben Euripides, zwei Zungen, die eine, um die Wahrheit zu reden, die andere, um der Zeit und den Umständen gemäß zu sprechen. Sie haben die Fähigkeit, das Schwarze in Weiß zu verwandeln, sie blasen aus demselben Mund kalt und warm, ihre Worte sind trügerische Bilder ihrer Gedanken und Gesinnungen.

Bei all ihrem Glück muss ich die Fürsten doch tief beklagen, dass sie niemanden haben, der ihnen die Wahrheit sagt, und dass sie nur Schmeichler, nicht Freunde um sich sehen. Man wird einwenden, die Ohren eines Fürsten mögen ja die Wahrheit nicht hören, und darum fliehen die Monarchen eben die Gesellschaft der Philosophen, weil sie fürchten, unter ihnen könnte sich ein Freimütiger finden, der Lust verspürte, mehr zu tadeln als zu unterhalten. Ihr habt Recht, Königen ist die Wahrheit nun einmal verhasst; aber das macht auch gerade meinen Toren die meiste Ehre, dass nicht nur Wahrheit, sondern sogar offene Beleidigung aus ihrem Mund mit Vergnügen gehört wird, und dieselben Worte, die einen Herrn Philosophen an den Galgen brächten, werden, wenn sie von einem Toren kommen, mit herzlichem Lachen aufgenommen. Denn die Wahrheit hat eine natürliche Macht zu ergötzen, wenn ihr alles Verletzende fehlt; die ausgezeichnete Fähigkeit aber, so zu sprechen, schenkten die Götter nur den Toren. Fast aus denselben Gründen gehen die Frauen gern mit Possenreißern um, neigt das zarte Geschlecht doch nur allzu sehr zu Vergnügen und Scherz. Was die Dämchen mit solchen Leuten auch tun – und manchmal tun sie gar ernste Dinge –, sie betrachten alles nur als Tändelei und Zeitvertreib; man glaubt gar nicht, mit welcher Schlauheit die Weibchen es fertig bringen, ihre dummen Streiche zu bemänteln.

Um wieder von dem Glück der Toren zu reden, so bringen sie ihr ganzes Leben unter vielen Annehmlichkeiten hin und wandern dann, ohne den Tod zu fürchten oder zu fühlen, geradewegs in die elysischen Gefilde, um die dort weilenden frommen und müßigen Seelen durch Scherz und Spiel zu erfreuen. Vergleicht nun das Schicksal irgendeines Weisen mit dem Los dieser Toren. Denkt euch zum Gegensatz einen Mann, der ein großes Muster der Klugheit ist! Von Kindheit auf an der Kette mühseligen Studiums schmachtend, hat er die schönsten Jahre seiner Lebenszeit mit den Sorgen, Plagen und Qualen der Arbeit verbraucht; hat dann im ferneren Leben nie das geringste Vergnügen gekostet, denn er war stets knauserig, arm, traurig, grämlich, sich selbst unerträglich und beschwerlich, anderen lästig und verhasst. So ist er blass, mager, schwächlich, triefäugig und vor der Zeit alt und grau geworden, um schließlich dem frühen Todesgeschick zu verfallen. Was verschlägt es auch, wenn er auf diese Art stirbt, er hat ja doch nie gelebt! Nun seht euch ordentlich das prächtige Bild eines solchen Weisen an!

Unsere braven »Frösche«, die Stoiker, werden in ihrer ewigen Zanksucht hier gewiss neue Einwürfe gegen mich erheben. Wie? Was! fangen sie an zu zetern, es gibt doch nichts Elenderes als Raserei, und das Benehmen eines Erztoren grenzt ja ganz nah an Raserei oder ist vielmehr die Raserei selber! Was ist denn Raserei anderes als ein Zustand der Geistesverwirrung? – Da täuschen sie sich nun einmal wieder ganz und gar. Wohlan, ich will auch diesen Trugschluss vernichten, wenn es den Musen so gefällt.

Jene Stoiker hätten doch vermöge ihres Scharfsinns, wie Sokrates bei Platon von zwei Arten der Venus und des Cupido spricht, so auch zwei Arten der Raserei unterscheiden müssen, wenn sie selber als vernünftig gelten wollen. Nicht jede Raserei macht sofort unglücklich. Sonst hätte wohl Horaz nicht gesungen: »Oder äfft mich liebliche Raserei?« und auch Platon nicht den fast rasenden Enthusiasmus der Dichter, Propheten und Liebenden unter die Hauptvorzüge des Lebens gerechnet oder endlich die Sibylle sich nicht dieses Wortes bedient, um die mühevollen Abenteuer des Äneas zu bezeichnen. Es gibt also zwei Arten von Raserei. Die eine kommt aus der tiefsten Hölle, von den Furien ans Tageslicht gesandt; dann lassen sie ihre Schlangen frei, und es wachsen im Herzen der Sterblichen plötzlich die entsetzlichsten Gräuel empor: Kriegswut, unersättlicher Durst nach Gold, frevelhafte und verwerfliche Liebe, Elternmord,

Blutschande, Gotteslästerung und nach der Tat Gewissensqualen und alle anderen Martern, deren die Furien sich bedienen, um schuldbewusste Menschen in Angst und Pein zu versetzen. Aber es existiert noch eine andere Raserei, die der eben geschilderten ganz entgegengesetzt ist, die ich verleihe und die alle eigentlich als das größte der Güter erstreben müssten. Sie besteht in einer wohltuenden Täuschung der Sinne, die alle ängstigenden Sorgen tilgt und vielfältiges Vergnügen bereitet. Diese beseligende Veränderung des Geistes wünscht sich Cicero in einem Brief an Attikus, als sei sie ein großes, göttliches Geschenk, durch das er jedes Gefühl seines schweren Unglücks hätte ersticken können. Ganz derselben Ansicht war jener Argiver, der nach allen Regeln der Kunst raste. Von früh bis spät saß er allein im Theater und glaubte, es würde irgendein schönes Schauspiel aufgeführt, obgleich gar nichts gespielt wurde. Er lachte dabei, klatschte Beifall und freute sich; im Übrigen war er rechtschaffen in der Erfüllung seiner gesellschaftlichen Pflichten, seinen Freunden treu und gefällig, »freundlich der Gattin gesinnt, regiert' er mit Milde die Sklaven und verzieh's, wenn ein Diener geheim ein Fläschchen ihm austrank«. Nachdem seine Verwandten durch mannigfache Arzneimittel seine Heilung bewirkt hatten und er nunmehr wieder ganz vernünftig geworden war, richtete er an seine Wohltäter die folgenden Worte der Klage: »Weh, Freunde, ihr habt mich getötet, nicht gerettet, denn wisst, ihr habt mir die Freude genommen und mit Gewalt entrissen den Geist dem seligsten Irrwahn!« Und er hatte Recht; die, welche eine so glückliche und süße Täuschung wie ein Übel mit

Hilfe von allerhand Tränken austreiben zu müssen glaubten, befanden sich im völligen Irrtum und hatten das Elleboruskraut nötiger als er.

Ob man nun jedwede Störung der Sinne und des Geistes Raserei nennen dürfe, darüber habe ich mich noch nicht geäußert. Wenn jemandes Augenlicht so schlecht ist, dass er ein Maultier für einen Esel ansieht oder wenn jemand elende Verse als geistreich bewundert und lobt, so wird man doch nicht gleich behaupten wollen, er sei ein Rasender. Wenn hingegen ein Mensch nicht nur mit seinen Sinnen unrichtig auffasst, sondern infolge tiefer geistiger Störung beständig die absurdesten Urteile fällt, sodass er beim Schreien eines Esels jedes Mal eine herrliche Symphonie zu hören glaubt oder trotz der bittersten Armut die Reichtümer des Lyderkönigs Krösus zu besitzen meint, der scheint in der Tat der Raserei sehr nahe zu kommen. Wenn diese aber zur heiteren Schwärmerei wird, wie es meistens geschieht, so ergötzt sie sowohl die von ihr Ergriffenen selbst, wie auch die nicht rasenden Zuhörer. Diese Art der Raserei ist überhaupt viel verbreiteter als man gewöhnlich glaubt. Die Erfahrung lehrt auch, dass ein Rasender sich oft über den anderen lustig macht und beide sich gegenseitig amüsieren, ja, häufig geschieht es, dass derjenige, der mehr rast, aus vollerer Kehle über den weniger Rasenden lacht. Mein Urteil ist demnach: Der Mensch ist umso glücklicher, je reicher er an Äußerungen seiner Raserei ist, vorausgesetzt aber, dass er nie die Grenzen der uns eigentümlichen Gattung überschreite; diese Gattung ist so umfassend und allgemein, dass ich zweifle, ob man wohl unter der gesamten Menschheit ein einziges Geschöpf finden könne, das zu jeder Zeit weise sei und nicht auch sein Teilchen von dieser oder jener Raserei besitze. Man muss nur an folgenden kleinen Unterschied denken: Wenn ein Mann einen Kürbis für eine Frau ansieht, so zögert man nicht, ihn einen Rasenden zu nennen. Warum? Weil das sehr selten vorkommt. Wenn aber ein Gatte seine Frau, die ihm einen ganzen Wald von Hörnern auf den Kopf pflanzt, als eine Penelope an Keuschheit preist und in seinem glücklichen Irrtum sein Geschick segnet, so lässt sich kein Mensch einfallen, ihm dies als Raserei auszulegen. Warum? Weil nichts gewöhnlicher ist als das.

Hierher sind auch die zu rechnen, welche außer der Jagd auf wilde Tiere alles verachten und nach ihrer eigenen Aussage für das Ohr nichts Entzückenderes kennen als den hässlichen Ton des Jagdhorns und das Gebell der Hunde. Ich glaube sogar, dass, wenn dem Jäger der Gestank vom Unrat der Hunde in die Nase steigt, er Zimt zu riechen meint. Gilt es, die Beute in Stücke zu zerschneiden, oh welche Lust! Ochsen und Hammel auszunehmen, kommt nur dem gemeinen Pöbel zu, doch wilde Tiere zu zerteilen, ist allein den Vornehmen gestattet. Der edle Herr kniet entblößten Hauptes bei dem erlegten Wild, dann ergreift er das Messer, das nur dieser Handlung geweiht ist – es wäre ein Frevel, ein anderes zu gebrauchen –, und schneidet gewissenhaft in bestimmter Reihenfolge und mit bestimmten Bewegungen bestimmte Glieder des Tieres ab. Während dieser Verrichtung umgibt ihn die gesamte Jagdgesellschaft; alle bewahren andächtiges Schweigen und sind von diesem

Schauspiel, das sie zwar schon tausend Mal gesehen, so ergriffen, als wäre es etwas ganz Neues oder besonders Heiliges. Der vollends, der das Glück hat, von der Beute zu kosten, glaubt dadurch im Rang eine Stufe höher gestiegen zu sein. Wenn nun auch diese Jäger, die ihr ganzes Leben lang wilde Tiere verfolgen und essen, schließlich nichts anders erreichen, als dass sie beinahe ebenso wild wie die von ihnen gehetzten Bestien werden, so lassen sie sich doch von dem Gedanken nicht abbringen, sie führten ein Leben wie die Könige.

Eine andere Art von Leuten, die den eben beschriebenen in vielen Stücken ähneln, sind die Bauteufel, die in unersättlicher Baulust das Viereck zum Kreis und den Kreis zum Viereck immer wieder umbauen. Sie kennen darin nicht Maß noch Ziel, bis ihnen endlich weder ein Haus noch selbst ein Stückchen Brot übrig bleibt und sie am Bettelstab gehen müssen. Und was dann? Nun, sie haben ja jedenfalls eine Reihe von Jahren lustig und vergnügt gelebt.

Diesen kommen die Feuerbläser am nächsten. Sie sinnen nichts Geringeres, als durch neue, geheimnisvolle Spekulationen die ganze Natur durcheinander zu wirren, und suchen zu Wasser und zu Lande nach irgendeiner grillenhaften Quintessenz. Die süße Hoffnung darauf beherrscht sie so ganz und gar, dass sie weder Kosten noch Mühen scheuen und mit wunderbarem Scharfsinn stets etwas Neues ausdenken, wodurch sie sich wieder täuschen und diese Täuschung sich selber angenehm machen, bis sie am Ende ihr ganzes Vermögen verblasen haben und nicht einmal so viel behalten, um sich einen kleinen Ofen bauen zu können. Dennoch finden sie stets Genuss und Befriedigung in ihren eitlen Träumereien und ermuntern eifrigst sogar noch andere, nach der gleichen Glückseligkeit zu streben. Wenn sie sich schließlich genötigt sehen, auf Entdeckungen zu verzichten, so besitzen sie noch einen reichen Quell des Trostes darin, dass es genug sei, so Großes überhaupt gewollt zu haben, gleichzeitig aber grollen sie der Natur, die den Menschen nur ein so kurzes Leben für ein Werk von so hoher Wichtigkeit verliehen habe.

Was ferner die Spieler betrifft, so zweifle ich wirklich noch, ob ich sie zu meinem Reich zählen darf. Sie sind freilich – es ist wahrhaft lächerlich anzusehen – so töricht für das Spiel eingenommen, dass ihnen beim bloßen Klappern der Würfel das Herz im Leibe hüpft und höher schlägt. Wenn sie dann, stets wieder durch die Hoffnung auf Gewinn verleitet, all ihr Geld verloren haben, wenn ihr Schiff an der Klippe des Spiels zerschellt ist, eine Klippe, die nicht weniger Gefahren bietet als das Vorgebirge Malea, und sie kaum mit dem Leben bei diesem Schiffbruch davon gekommen sind, möchten sie doch lieber jeden anderen betrügen als den, der sie geplündert hat, aus Furcht, sie könnten ehrlos erscheinen. Was soll ich nun gar von jenen Greisen sagen, die, schon halb erblindet, das Spiel mit Hilfe von Brillen unaufhörlich fortsetzen oder, wenn sie bereits die strafende Gicht in den Händen haben, sich einen Fremden mieten, der für sie würfeln muss? Es ist ein ergötzlich Ding, das Spiel, aber es artet doch auch so oft in Wut und Raserei aus, dass es mehr den Furien als mir eigen ist.

Allein jetzt will ich euch Leute nennen, die unleugbar unter meiner Herrschaft stehen. Es sind dies diejenigen, deren höchste Freude es ist, Wunder und abenteuerliche Lügen anzuhören oder zu erzählen, und die gar nicht genug solcher Possen bekommen können, wenn das widersinnigste Zeug von Wunderzeichen, Gespenstern, Kobolden, bösen Geistern und tausend anderen derartigen Mirakeln den Gegenstand der Gespräche bildet, die umso geneigteren Glauben finden und umso angenehmer die Ohren der Hörer kitzeln, je unwahrscheinlicher sie sind, und zwar dient diese Beschäftigung, namentlich den hochwürdigen Priestern und Predigern, nicht allein zur heiteren Abkürzung langweiliger Stunden, sondern auch zur prompten Füllung des lieben Geldbeutels.

Der eben beschriebenen Sorte steht eine andere Gattung drolliger Käuze ganz nahe, die an einem zwar törichten, aber beseligenden Aberglauben hängen. Wenn sie das Glück gehabt haben, eine Holzstatue oder sonst eine Abbildung ihres Polyphem, des heiligen Christophorus, zu sehen, glauben sie, an jenem Tag vor dem Tod sicher zu sein; oder wenn ein Soldat das vorgeschriebene Gebet vor dem Bild der heiligen Barbara verrichtet hat, so hofft er, unversehrt aus der Schlacht heimzukehren. Man ruft auch Erasmus an bestimmten Tagen, mit bestimmten wächsernen Weihgeschenken und unter bestimmten frommen Sprüchen als einen Heiligen an und erwartet, demnächst ein reicher Mann zu werden. Und nun erst ihr Herkules, der heilige Georg! Auch einen zweiten Hippolyt haben sie sich erdacht, dessen Pferd sie in frommem Eifer mit Zaumzeug und Klingeln ausschmücken – es fehlt nur, dass sie es anbeten; durch stets neue Geschenke sind sie ängstlich bestrebt, sich den Schutz und die Gunst des Reiters zu erhalten, ja, wenn sie bei seinem eisernen Helm schwören, gilt dies als vollkommen königlicher Eid. Was denkt ihr aber ferner von den Leuten, die schwärmerisch von eingebildeten Erlassungen ihrer Sünden träumen und wie mit der Uhr die Zeiträume des Fegefeuers ausmessen, indem sie, gleichsam mathematisch und ohne Furcht vor einem Rechenfehler, die Jahrhunderte, die Jahre, die Monate, die Tage und die Stunden abzählen! Oder wie soll ich von einer anderen Klasse überspannter Menschen sprechen, die vollkommene Glückseligkeit erhoffen und sich dabei nur auf ein paar kleine Gebete und einige geringe äußere Zeichen von Andacht verlassen, die ein frommer Betrüger zum Vergnügen oder des Gelderwerbs wegen erfunden hat! Diese Leute rechnen bestimmt auf Reichtümer, Ehrenstellen, Genuss, herrliche Mahlzeiten, stete Gesundheit, ein langes Leben und ein frisches Greisenalter; schließlich erwarten sie auch dereinst, nächst Christo, die ersten Plätze im Himmel, unter einer Bedingung, versteht sich: Sie wollen nämlich erst so spät als irgend möglich zu den Seligen eingehen. Und wann ist dies? Wenn alle lieblichen Reize, an denen sie mit ganzer Seele hängen, hier auf Erden sie zu ihrem großen Kummer endlich doch verlassen haben, dann erst mögen die unfassbaren Wonnen des Himmels folgen. Während seines Lebens aber meint einfach jeder Kaufmann, Soldat oder Richter, wenn er nur ein kleines Geldstück von seinem Raub in die Büchse wirft, sämtliche Fehltritte und Vergehen mit einem Mal wieder gut gemacht und alle Meineide, alle Unlauterkeiten, alle Schlemmereien, jeden Streit, jeden Mord, jeden Betrug, jede Treulosigkeit jeden Verrat vertragsmäßig gesühnt und zwar so gut gesühnt zu haben, dass er sich sogleich wieder berechtigt glaubt, eine neue Reihe von Verbrechen zu beginnen.

Gibt es ferner wohl törichtere, aber zugleich glücklichere Menschen als jene Frommen, die durch tägliches Herbeten sieben bestimmter Psalmenverse das Reich Gottes unfehlbar zu erlangen hoffen? Ein witziger Teufel, der jedoch mehr Eitelkeit als Schlauheit besaß, soll mit diesen Zauberversen vor dem heiligen Bernhard geprahlt haben, der den Sohn der Hölle gewandt zu überlisten wusste. Dies alles sind so gewaltige Torheiten, dass ich selber mich ihrer fast schäme; indessen billigt nicht nur die große Menge solche Verkehrtheiten, sondern sogar die öffentlichen Lehrer der Religion zollen ihnen Beifall. Und weiter, gehört es nicht beinahe in dieselbe Kategorie, dass jedes Land seinen besonderen Heiligen hat? Man betet diese himmlischen Herren auf die mannigfachste Weise an und teilt ihnen die verschiedensten Arten des Schutzes zu: Der eine heilt Zahnschmerzen, der andere steht den Gebärenden bei; dieser bringt Gestohlenes zurück, jener rettet aus den Gefahren des Schiffbruchs, ein anderer sorgt für die Sicherheit der Herden und dergleichen mehr; die Zeit würde mir fehlen, alles aufzuzählen. Auch gibt es Heilige, deren Ansehen und Macht sich auf verschiedene Gebiete erstrecken; ich nenne vor allem die Mutter Gottes, die in den Augen des Volkes eine fast noch höhere Gewalt besitzt als ihr Sohn.

Liegt nun nicht auch das, was die Menschen von diesen Heiligen erflehen, innerhalb meines Wirkungskreises? Sagt mir, bitte, habt ihr schon irgendwann unter der großen Zahl der gespendeten Dankzeichen, von denen die Wände und Gewölbe mancher Tempel ja ganz bedeckt sind, ein einziges gesehen, das jemand als Erinnerung an eine wunderbare Heilung von der Torheit aufgehängt oder das einer gespendet hätte, nachdem er auch nur um eines Haares Breite weiser geworden? Der eine hat sich glücklich durch Schwimmen gerettet, der andere hat vom Feind einen Degenstich erhalten und ist geheilt worden, ein dritter dankt dafür, dass er sich in der Schlacht, gerade beim heftigsten Kampf, mit ebenso viel Glück wie Tapferkeit aus dem Staub gemacht, ein anderer der zum Tod durch den Strick verurteilt war, fiel, begünstigt von irgendeinem diebsfreundlichen Heiligen, vom Galgen, um aufs Neue aus reiner Nächstenliebe die allzu vollen Geldtaschen seiner Mitmenschen leichter zu machen. Dieser hat sich durch eine schnelle Flucht aus dem Gefängnis wieder in Freiheit gesetzt, jener ist zum großen Kummer seines Arztes vom Fieber genesen; dem einen brachte das Gift, das man ihm gab, nur bessere Leibesöffnung und war für ihn nicht der Tod, sondern gerade eine Rettung, keineswegs zur Freude seiner Gattin, deren Mühe und Kosten nun vergeblich waren, ein anderer, dessen Wagen umstürzte, brachte sein Gespann doch wohlbehalten nach Hause; jenen begruben herabstürzende Steine unter ihrer Last, und er blieb am Leben; dieser wurde von dem Gatten seiner Geliebten auf frischer Tat ertappt, zog sich aber glücklich aus einer so heiklen Affäre. Für eine Erlösung von der Torheit findet sich aber nirgends ein Dankeszeichen; sie ist so reizend und verlockend für die Menschen, dass diese um die Befreiung von allem anderen bitten, nur nicht von der

Torheit. Doch wozu soll ich mich noch weiter auf diesen Ozean des Aberglaubens wagen?

»Hätt ich hundert der Zungen und hundert Münder und hätt ich eine Stimme von Erz, wohl nimmer vermöcht' ich der Dummheit Formen zu zählen und nimmer der Torheit Namen zu künden« – denn das gesamte Christentum ist durch eine Unzahl solcher abergläubischen Albernheiten entstellt. Die Priester hegen und pflegen aber Unkraut herzlich gern, wissen sie doch recht wohl, welcher Nutzen daraus erwächst.

Wenn nun plötzlich einer der verhassten Sittenprediger aufträte und die folgende völlig richtige und begründete Ermahnung an die Menschen richtete: »Lebet in echt christlichem Sinne, und euer Ende wird ein gesegnetes sein. Sühnet eure Vergehen, aber spendet nicht nur ein geringes Geldstück, sondern hasset auch wahrhaft das Böse, jammert, wachet, betet, fastet und ändert überhaupt euren ganzen Wandel! Folget im Leben dem Beispiel eures Heiligen, und ihr werdet euch seine Gunst erwerben!« Wenn der Weise dieses und anderes der Art predigte, so erkennt ihr leicht, dass er die Sterblichen alsbald aus einem glücklichen Zustand in einen kummer- und sorgenvollen versetzen würde.

Noch ein paar Worte über eine andere Klasse von Toren. Ich meine jene, die schon zu Lebzeiten großartige Vorbereitungen anordnen, um so prächtig wie möglich die Reise ins Grab anzutreten. Sie geben Punkt für Punkt genau an, wie viele Fackeln, wie viele Leidtragende, wie viele Kirchensänger, wie viele Klageweiber sie bei ihrem Begräbnis wünschen, als wären sie keineswegs so sehr davon überzeugt, dass der Tod ihnen jedes Bewusstsein dieses Schauspiels rauben werde, oder als hielten sie es für eine Schande, nicht mit dem herrlichsten Pomp in die Grube zu fahren. Es hat wahrhaftig den Anschein, als betrachteten sie den Tod wie das Amt eines Ädilen, der öffentliche Spiele und Volkspeisungen zu veranstalten pflegte.

Obgleich ich mich beeilen muss, will ich doch nicht von jenen Männern schweigen, die, wenn sie sich auch kaum von der Hefe des Volks unterscheiden, dennoch stets mit den schmeichelhaftesten Worten von ihrer eingebildeten adligen Abstammung sprechen. Der eine leitet sein Geschlecht direkt von Äneas ab, der andere von Brutus, ein dritter vom König Artus. Sie kramen euch die Statuetten und Porträts ihrer Vorfahren aus, sie zählen euch ihre Ahnen und Urahnen her und nennen dabei jeden Augenblick die abgenutzten Beinamen ihrer Väter. Ist nicht ein solcher Mensch ein wahrer Ölgötze und ganz ebenso wenig wert wie die Puppen aus seiner Ahnenreihe, mit denen er sich brüstet? Aber dennoch lebt er, dank der herrlichen Eigenliebe, vollkommen glücklich und zufrieden; zudem finden sich wirklich noch andere Leute von gleicher Dummheit, die solchen Einfaltspinsel wie einen Gott achten und ehren.

Doch was halte ich mich bei der einen oder der anderen Art von Torheit auf, da doch die liebe Philautia überall mit ganz wunderbaren Mitteln große Scharen glücklicher Menschen schafft! Der eine, der hässlicher und missgestalteter ist als jeder Affe, glaubt ein Nireus an Schönheit zu sein; ein anderer, der wirklich so weit gekommen ist, mit Hilfe des Zirkels drei Linien richtig zu zeichnen, meint sofort, Euklid sei nicht geschickter gewesen; ein dritter singt wie ein Esel zum Lautenspiel, und das klingt nicht schlechter als das Geschrei einer Henne, die der Hahn beißt, trotzdem ist er von seiner Stimme entzückt und hält sich für einen zweiten Hermogenes. Aber nun kommt eine höchst ergötzliche Art der Torheit. Ein Mann hat eine Anzahl Diener; jeder derselben besitzt einige Vorzüge, deren sich der Herr rühmt, als ob es seine eigenen wären. So tritt uns bei Seneca jener überglückliche Reiche entgegen: Wenn er eine Geschichte erzählen wollte, saßen seine Sklaven bei ihm, um ihm die Eigennamen vorzusagen; auch war dieser Mann so schwach, dass ein Windhauch ihn zu Boden warf, dennoch zeigte er sich stets bereit, einen Faustkampf aufzunehmen, denn er hatte viele kräftige und handfeste Diener im Haus.

Es ist kaum nötig, hier von den Männern der Kunst zu sprechen, sie sind ja die Schoßkinder meiner Philautia, und alle würden eher ihr väterliches Erbteil abtreten, als eingestehen, dass ihnen Geist und Witz fehlen, vornehmlich Schauspieler, Musiker, Redner und Dichter. Je größere Stümper sie sind, desto hervorragendere Leistungen glauben sie zu bringen, desto mehr sind sie von sich eingenommen, desto lauter verkünden sie allerorten ihr Lob. Glaubt jedoch nicht, dass es diesen Hohlköpfen an Kohlköpfen mangele, die ihre Ansichten billigen; die plumpeste Dummheit, die absurdeste Verkehrtheit findet auf Erden bekanntlich die meisten Bewunderer und Liebhaber, weil eben, wie schon gesagt, fast alle Menschen der Torheit huldigen. Die Unwissenheit hat also zwei große Vorzüge: Einmal verträgt sie sich vollkommen mit der Eigenliebe, fürs zweite genießt sie die Bewunderung der Menge. Wem aber eine wahrhaft philosophische Bildung lieber ist, der muss sie erstens um einen hohen Preis erkaufen, und dann bewirkt ein solches Wissen, dass alle Welt ihn meidet und auch er vor aller Welt flieht, bis er schließlich kaum noch jemanden findet, der seine Neigungen zu teilen imstande wäre.

Ich erkenne aber ferner auch, wie die Natur nicht nur einzelnen Menschenklassen, sondern sogar ganzen Nationen und Staaten ihre gemeinschaftliche Philautia ins Herz gepflanzt hat. Die Engländer meinen, bei ihnen sei vor allem Schönheit, Musik und gutes Essen zu Hause; die Schotten schätzen ihr adliges Blut und rühmen sich der Verwandtschaft mit ihrem Königsgeschlecht, auch spitzen sie sich darauf, scharfsinnige Dialektiker zu sein; die Franzosen beanspruchen feine Lebensart für sich; die Pariser loben ihre theologische Weisheit und maßen sich dieselbe mit Nichtachtung aller übrigen ganz besonders an; die Italiener preisen ihre Literatur und Beredsamkeit und sind vor allem stolz darauf, dass sie allein unter den Menschen keine Barbaren seien. Man kann wohl sagen, dass die Römer am meisten für diesen zuletzt genannten Zustand der Glückseligkeit eingenommen sind und noch heute mit Befriedigung und Lust von jenem Vorrecht der alten Weltstadt träumen. Die Venezianer leben, eingebildet auf ihren Adel, sehr zufrieden mit sich selbst; die Griechen wünschen sich Glück, dass sie die Wissenschaften erfunden haben und die Nachkommen alter, viel gepriesener Helden sind; die Türken und alle ihnen stammverwandten Völker, denen doch in Wahrheit der Unrat der Bar-

barei anhaftet, behaupten kühn, ihnen allein gebühre der Ruhm einer wahren Religion, und spotten über den Aberglauben und Götzendienst der Christen. Noch drolliger aber machen es die Juden, die in beständiger Erwartung des Messias mit zähester Gewissheit auf die Erfüllung der Verheißungen des Moses rechnen. Die Spanier wollen niemandem sonst kriegerischen Ruhm zugestehen; die Deutschen suchen eine Ehre in ihrem riesigen Körperbau und ihrer Zauberwissenschaft.

Doch ich kann mich nicht auf Einzelheiten einlassen. Ihr seht jetzt wohl, wenn ich mich nicht täusche, wie viel Vergnügen die Eigenliebe überall im Besonderen wie im Allgemeinen verbreitet. Der Philautia zum Verwechseln ähnlich sieht ihre Schwester, die Schmeichelei. Denn Eigenliebe bedeutet doch nichts anderes, als sich selbst liebkosen; wenn man nun einen anderen liebkost, so nennt man dies Schmeichelei. Die arme Schmeichelei hat heutzutage das Unglück, sehr verschrien zu sein, aber nur bei denen, die mehr Anstoß am Ausdruck als an der Sache nehmen. Man bildet sich ein, die Gefälligkeit gegen andere sei mit der Aufrichtigkeit nicht vereinbar; doch dass dem tatsächlich nicht so ist, hätte schon das Beispiel der Tiere lehren können. Versteht eines unter ihnen mehr zu schmeicheln als der Hund? Gibt es aber zugleich ein treueres, anhänglicheres Tier? Das Eichhörnchen im Käfig will stets gehätschelt sein – ist es dem Menschen darum weniger freundlich gesinnt? Dann müsste man wirklich schließen, dass die wilden Löwen, die blutgierigen Tiger und wütenden Leoparden es am aufrichtigsten mit den Menschen meinen. Ich weiß recht gut, dass es auch eine sehr böse Schmeichelei gibt, die von Schurken und Spöttern benutzt wird, um die Dummen ins Netz zu locken. Doch das ist meine Schmeichelei nicht, denn sie entspringt aus einer reichen Quelle von Herzensgüte und Geradheit der Gesinnung und ist näher mit der Tugend verwandt als das Gegenteil dieser freundlichen Milde, als »bäurisch polternder Ton«, wie Horaz sagt, »und linkische, raue Manieren«. Sie flößt den Entmutigten wieder Kraft ein, erheitert die Verstimmten, stachelt die Faulen an, weckt die Schläfrigen auf, bringt den Kranken Linderung, mäßigt die Wütenden, lässt Liebe keimen und blühen. Meine Schmeichelei führt die Kinder spielend zur Mühe des Lernens, sie ist eine Freude der Greise, und unter der Maske des Lobes warnt und belehrt sie die Fürsten, ohne sie zu beleidigen. Kurz, sie bewirkt, dass jeder an sich selbst größeres Gefallen findet, in sich selbst inniger verliebt wird, und darin besteht doch hauptsächlich das Glück des Lebens. Gibt es wohl einen rührenderen Anblick, als wenn zwei wackere Maulesel einander eifrigst das Fell jucken? In diesem gegenseitigen Dienst besteht zum großen Teil die viel gepriesene Beredsamkeit, zum größeren Teil die Arzneiwissenschaft, zum größten die Poesie; diese Schmeichelei ist eben der Honig, die Würze alles menschlichen Verkehrs.

Man wird mir einwenden, dass es doch ein großes Unglück sei, getäuscht zu werden, und ich behaupte, dass nicht getäuscht zu werden das allergrößte Unglück sei. Denn es ist eine unbeschreibliche Überspanntheit, wenn man das Glück des Menschen in die Dinge selbst, wie sie wirklich sind, setzt; es hängt einzig und allein von der Meinung ab, die man über die einzelnen Gegenstände hegt. Alles im Leben ist ja so dunkel, so verschiedenartig und so voller Widersprüche, dass man keine unumstößliche Wahrheit anzunehmen vermag. Das war auch der erste Grundsatz meiner lieben Akademiker, die sich hierin als die am wenigsten hochmütigen Philosophen zeigten. Wenn es unanfechtbare Sätze gibt, wie sehr stören sie den Genuss und die Ruhe des Lebens! Die Menschen wollen schließlich sogar, dass man sie täusche, sind sie doch stets geneigt, an der Falschheit und Lüge mehr Gefallen als an der Wahrheit zu finden. Wünscht ihr in Bezug hierauf ein recht deutliches und klares Experiment? Geht zur Predigt in die Kirche und seht, wie alle schlafen, gähnen und sich vor Langeweile räuspern, wenn ein feierlich ernster Gegenstand vorgetragen wird; sowie aber der Großredner – oh weh! da hab ich mich versprochen, ich wollte sagen: sowie aber der große Redner, wie es ja oft geschieht, irgendein albernes Ammenmärchen zu erzählen beginnt, dann ist das ganze Auditorium plötzlich wach und aller Ohren sind gespitzt. Ebenso könnt ihr, wenn man das Fest eines sagenhaften, poetischen Heiligen feiert, zum Beispiel des St. Georg, des Christophorus oder der Barbara, die Leute weit andächtiger sehen, als gälte es dem Peter, dem Paul oder unserem Heiland selber. Doch dies alles gehört ja nicht hierher.

Ich komme wieder auf meinen Satz zurück: Das Glück, das auf der bloßen persönlichen Meinung beruht, ist ein recht wohlfeiles Glück, während man sich die geringfügigsten Dinge in ihrer wirklichen Beschaffenheit oft nur mit der größten Mühe erwirbt, zum Beispiel die

Grammatik. Gibt man sich aber der Einbildung hin, so nimmt man alles leicht, und doch trägt es dann ebenso viel oder noch mehr zur Annehmlichkeit des Lebens bei wie die Wirklichkeit und Gewissheit. Sagt mir: Es verschlingt einer faule, gepökelte Fische, bei deren Duft sich jeder andere die Nase zuhalten würde, jenem aber erscheint das Gericht als Ambrosia – sagt, was stört das seine Glückseligkeit? Wenn dagegen der köstlichste Stör nur den Ekel und die Brechlust eines zweiten reizt, wo bleibt da sein Glück? Ein Mann hat eine wunderhässliche Gattin, dennoch glaubt er, dass sie sogar mit Venus wetteifern könne – ist es da nicht genauso, als wäre die Frau wirklich schön? Ferner besitzt irgendein Geck eine elende Farbenkleckserei, meint jedoch, es sei ein Bild von Apelles oder Zeuxis, und hört nicht auf, es zu betrachten und zu bewundern – ist er nicht ungleich glücklicher als ein anderer, der echte Werke jener Maler teuer bezahlt hat, aber vielleicht viel weniger Vergnügen beim Anblick derselben empfindet? Ich kenne auch einen Mann, der die Ehre hat, meinen Namen zu tragen. Kurz nach seiner Verheiratung schenkte er seiner jungen Frau mehrere falsche Edelsteine, und da er sich auf Witze und Scherze gut verstand, redete er dem Weibchen ein, es wären echte, wertvolle Diamanten, die eine ungeheure Summe gekostet hätten. Was mangelte dem Glück der Gattin noch? Sie prüfte, betastete und hätschelte die Glasstückchen, als besäße sie an dem Plunderzeug einen Schatz von unermesslicher Größe. Der Mann aber hatte sich eine beträchtliche Ausgabe erspart und ergötzte sich an dem Irrtum seiner Frau, die ihm ebenso dankbar war, als hätte er ihr ein köstliches Geschenk gemacht. Glaubt ihr denn, es sei irgendein Unterschied zwischen denjenigen Bewohnern jener von Platon beschriebenen Grotte, die sich mit dem bloßen Anschauen von Schatten und Scheinbildern der verschiedenen Dinge zufrieden geben, wenn nur diese Dinge in ihren Augen für voll gelten und ihnen nicht weniger gefallen – meint ihr, frage ich, es bestehe ein Unterschied zwischen diesen Toren und jenem Philosophen, der die Grotte verlässt und die Dinge nun in Wahrheit anschaut? Wenn jener Mikyllus des Lukian den Rest seiner Tage im Traum von Gold und Reichtümern hätte verbringen können, ihm wäre wahrhaftig kein anderes Glück nötig gewesen. Es gibt also entweder keinen Unterschied zwischen Toren und Weisen, oder, wenn doch einer besteht, so nur den, dass die Toren glücklicher dran sind. Und zwar sind sie es, weil erstens ihr Glück kaum etwas kostet, denn eine einfache vorgefasste Meinung genügt, und zweitens, weil sie dieses Glück mit unzähligen anderen teilen. Es macht ja auch gar keinen Spaß, ein Gut ganz allein zu besitzen. Wer weiß es nicht, wie gering die Zahl der Weisen ist, wenn überhaupt einer existiert! Die Griechen rühmen sich, dass ihr Land in so vielen Jahrhunderten sieben hervorgebracht habe! Allein, beim Herkules, sterben will ich, wenn man bei einer genauen Prüfung ihrer Philosophie auch nur die Hälfte eines Weisen fände, vielleicht nicht einmal den dritten Teil.

Unter den zahlreichen Lobsprüchen, die man dem Bacchus spendet, gilt bekanntlich derjenige für den rühmlichsten, dass dieser Gott die Unruhen und Bekümmernisse vernichte. Doch wie lange dauert dieser glückliche Wahn? Hat man den Rausch ausgeschlafen, dann kehren auch die Sorgen »auf weißem Viergespann« schnell zurück. Um wie viel voller und wirkungsreicher ist dagegen das Gut, das ich den Sterblichen verleihe! Auch ich berausche sie, aber dieser Taumel währt das ganze Leben lang, bringt Lust, Glück und Genuss und verursacht weder Kosten noch Reue.

Es gibt keinen Menschen, der meiner Freigebigkeit nicht teilhaftig wäre, während doch die anderen Götter ihre Gunstbezeigungen bald diesen, bald jenen Menschenkindern verleihen. Nicht überall wächst der stärkende, liebliche Wein, der die Sorge verjagt und reiche Hoffnung spendet; nur selten bewilligt Venus den Vorzug der Schönheit, noch seltener Merkur die Gabe der Beredsamkeit; nicht eben vielen schenkt Herkules Reichtum, wenige setzt der Homerische Jupiter auf den Königsthron, oft versagt Mars den beiden feindlichen Heeren seine Hilfe, manchen Orakelbesuchern gibt Apollo betrübende Antworten. Saturns Sohn schwingt oft seine zuckenden Blitze, Phöbus sendet zuweilen durch seine Geschosse die Pest, Neptun lässt mehr Menschen in seinem Element umkommen, als er daraus errettet. Jene schwarzen Gottheiten, wie Vejovis, Pluto, Ate, die Strafen, die Fieber und ähnliche, will ich überhaupt nicht erwähnen, sie sind doch mehr Henker als Götter. Ich aber, ich, die Torheit, bin in gleicher Weise der gesamten Menschheit zugetan und umschlinge alle mit dem Band meiner Gaben. Und dafür fordere ich keine Gelübde und bin auch keine Göttin, die in Zorn gerät und gleich Sühne verlangt, wenn man bei ihrer Verehrung eine Zeremonie vergessen hat. Auch bringe ich nicht Himmel und Erde in Aufruhr, um an jemandem Rache zu nehmen, der das ganze Göttergeschlecht zu sich geladen, nur mich vergeblich schmachten lässt und mir keinen Anteil an dem Opferdampf gibt. Die übrigen Götter nämlich sind in diesen Dingen oft so wunderlich, so griesgrämig, dass es besser und sogar sicherer wäre, sie einfach unbeachtet zu lassen und gar nicht anzubeten; es gibt ja auch solche launischen und leicht reizbaren Menschen, deren ausgesprochene Feindschaft man ihrem freundlichen Umgang vorziehen möchte.

Aber bis jetzt, erwidert man, haben es sich die Menschen überhaupt noch nie einfallen lassen, der Torheit zu opfern, oder ihr einen Tempel zu weihen. Nun, ich glaube, ich habe das hier schon vor euch ausgesprochen, ein solcher Grad von Undankbarkeit setzt mich in der Tat in Erstaunen. Doch ich kümmere mich wenig darum und nehme, meiner natürlichen Gutmütigkeit gemäß, die Sache von ihrer besten Seite, brauche ich doch göttliche Ehren solcher Art überhaupt nicht zu verlangen. Denn warum sollte ich Weihrauch, Opfermehl, einen Bock oder ein Schwein fordern, wo mir doch ein Kult zuteil wird, der so weit reicht wie die Welt und dem sogar die Theologen ihre Zustimmung und ihren Beifall nicht versagen? Ich müsste denn Diana beneiden, dass ihr Menschenblut gespendet wird. Ich sehe es für die frommste Verehrung an, wenn man mich, wie es auch geschieht, allerorten im Herzen trägt, mich durch die Sitten ausdrückt und durch das Benehmen offen an den Tag legt. Eine solche Verehrung ist selbst in der Christenheit nicht häufig. Eine wie große Menschenmenge zündet zu Füßen der Gottesmutter Wachskerzchen an, und das am hellen Tage, wo es ja gar nicht nötig ist! Wie wenige aber folgen mit aufrichtiger Andacht dem Beispiel der heiligen Jungfrau in Keuschheit, Sittsamkeit und eifrigem Streben nach der Seligkeit! Denn das ist die wahre Frömmigkeit und den Himmlischen sicher die wohlgefälligste. Was sollte ich ferner mit einem besonderen Tempel? Ich habe ja einen so herrlichen – die ganze Erde! Priester mangeln mir nur in den Gegenden, wo keine Menschen wohnen. Glaubt auch nicht, dass ich töricht genug sei, Standbilder und Gemälde zu begehren, die oft sogar höchst gefährliche Folgen für unseren Kult mit sich bringen. Kommt es doch häufig vor, dass dumme und feiste Leute ein Abbild als den wirklichen Heiligen anbeten, und dann befinden wir uns in der schmählichen Lage eines Menschen, der sich von seinem Stellvertreter verdrängt sieht. Mir sind vielmehr alle Sterblichen zu Bildsäulen gesetzt, sie stellen mich naturgetreu dar, selbst wenn sie es nicht wollten. Darum habe ich auch nichts dagegen, dass man den anderen Göttern in den verschiedensten Winkeln der Erde an bestimmten Tagen Feste feiere. Mag man Phöbus auf Rhodos verehren, Venus auf Zypern, Juno in Argos, Minerva in Athen, Jupiter auf dem Olymp, Neptun zu Tarent, Priapus zu Lampsakus: wenn mir nur der ganze Erdkreis insgesamt stets weit herrlichere Opfer bietet.

Wenn es den Anschein haben sollte, als sei dies mehr dreist als wahr gesprochen, so lasst uns jetzt einige kurze Blicke auf das Leben der Menschen werfen, wodurch es offenbar werden mag, wie großen Dank sie mir schulden und wie achtungsvoll mich alle, vom Szepter bis zum Hirtenstab, verehren. Ich kann jedoch unmöglich sämtliche Stände einzeln besprechen – dies wäre eine zu langwierige Arbeit –, sondern muss mich damit begnügen, die hauptsächlichsten anzugeben, von denen man leicht auf die übrigen zu schließen vermag.

Wozu soll ich von der großen Menge und dem gemeinen Volk reden, die mir doch voll und ganz zugehören? Sie sind so reich an den verschiedenartigsten Torheiten und ersinnen täglich so viel neue, dass tausend Demokrite nicht imstande wären, all das dumme Zeug zu verspotten; jene tausend bedürften dann freilich noch eines anderen Demokrit. Ihr könnt euch gar nicht denken, wie viel Stoff zum Lachen, zum Spott und zur Heiterkeit die winzigen Erdengeschöpfe den Göttern geben. Ihr musst nämlich wissen, dass bis zum Mittagsmahl die Götter nüchtern sind und die Zeit mit Beratungen, die sie unter heftigem Streit führen, hinbringen oder auch wohl die Bitten der Sterblichen anhören. Nach dem Essen aber, wenn ihnen der Nektar seine Nebelwolken zu Kopf sendet und sie sich mit ernsten Dingen nicht mehr beschäftigen mögen, dann versammeln sich alle am hervorragendsten Punkt des Himmels, um von dort gespannt hinabzuschauen und die verschiedenen Handlungen der Menschen zu mustern. Es gibt kein ergötzlicheres Schauspiel für sie. Unsterbliche Götter! Ein wie spaßhaftes Theater ist das! Denn auch ich wohne manchmal dieser Göttersitzung bei.

Der eine ist ganz vernarrt in ein junges Weibsbild, und je weniger Gegenliebe er findet, desto größere Liebesqual peinigt ihn; der andere heiratet die Mitgift und nicht das Mädchen. Dieser gibt seine Frau der Unzucht preis, jener, vom Dämon der Eifersucht verfolgt, überwacht mit Argusaugen seine Ehehälfte. Wie viele Dummheiten sagt und tut man nicht in der Zeit der Trauer! Lässt man sich nicht gleichsam Leichenschauspieler kommen, die das Possenspiel der Trauer aufführen? Da flennt einer am Grab seiner Schwiegermutter; jener rafft, was er nur kriegen kann, zusammen und macht es seinem Magen zum Geschenk, auf die Gefahr, nachher vor Hunger umzukommen; dieser sieht im Schlaf und Nichtstun sein höchstes Glück. Auch gibt es Leute, die stets für andere in Tätigkeit sind, dabei aber ihre eigenen Geschäfte vernachlässigen. Mancher leiht sich große Summen und hält sich mit seinen Schulden für steinreich, obwohl er demnächst Bankrott machen wird. Ein anderer kennt keine größere Seligkeit, als sich selbst alles zu entziehen und für seine Erben zu sparen. Mancher durcheilt alle Meere um eines geringen und unsicheren Gewinnes willen und gibt dem Wind und den Wellen ein Leben preis, das er für alle Schätze der Welt nicht zurückkaufen kann. Dieser will sich lieber im Krieg Reichtümer erwerben als daheim eine friedliche Ruhe genießen; jener hofft, recht bequem zu einer schönen Erbschaft zu kommen, wenn er einem kinderlosen Greis geschickt um den Bart geht oder mit einer reichen Vettel schön tut: Einen unendlichen Spaß macht es aber den Göttern, wenn diese Geldfischer sich schließlich in ihren eigenen Netzen fangen.

Die Törichtsten und Verächtlichsten unter allen sind indes die Kaufleute. Nichts gibt es Niedrigeres als ihren Beruf, den sie noch dazu auf gemeine Weise ausüben, denn in der Regel sind sie Lügner, Meineidige, Diebe,

Betrüger und Schwindler; trotzdem aber glauben sie, die Angesehensten auf der Welt zu sein, weil sie die Finger voll goldener Ringe tragen. Gerade diese ehrlosen Reichen sind es, die die Bettelmönche so untertänig hofieren, die sie mit süßlicher Ergebenheit feierlichst als »Hochwürdige Herren« bezeichnen, und das alles nur, um ein geringes Teilchen von dem zu Unrecht erworbenen Geld zu erhaschen. Auf der anderen Seite seht ihr wieder Schüler des Pythagoras, die alles für Gemeingut halten und, was sie irgend entwenden können, sich wie ein rechtmäßiges Erbteil einfach aneignen. Auch gibt es solche, die stets im Gebet um Reichtum flehen und sich im Geist liebliche Bilder von künftigem Glück ausmalen, die ihnen zum zufriedenen Leben genügen. Wieder andere sind entzückt, vor der Öffentlichkeit für sehr begütert zu gelten, während sie zu Hause am Hungertuch nagen. Der eine kann sich nicht schnell genug zugrunde richten, der andere scharrt mit beiden Händen zusammen. Der Ehrgeizige strebt nach hohen Ämtern, der Phlegmatische fühlt sich vor seinem Kamin am wohlsten. Viele verwickeln sich in endlose Prozesse, und der Streit der Parteien scheint keinen anderen Zweck zu haben, als einen absichtlich langsamen Richter und einen geriebenen Advokaten zu bereichern. Der aufrührerische Kopf sinnt auf Neuerungen, der unternehmungslustige auf große Taten. Mancher pilgert nach Jerusalem, nach Rom, nach Santiago, wo er nichts zu tun hat, während daheim seine Frau und seine Kinder ihn schmerzlich vermissen. Kurz, wenn ihr vom Mond herab, wie einst Menippus, dem unaufhörlichen Treiben der Menschen zuschauen könntet, so würdet ihr sehen, wie sie, gleich einem Fliegenhaufen oder Mückenschwarm, sich untereinander streiten, schlagen, sich gegenseitig Fallen stellen und ausplündern, wie sie Spiel und Scherz treiben, wie sie geboren werden, dahinschwinden und endlich sterben. Nein, im Geist vermögt ihr euch niemals das Gewühl, den Lärm, das Getöse vorzustellen, das der Mensch aus der Erde hervorruft, jenes Jammergeschöpfchen, das so schnell vergänglich ist, denn bisweilen rafft die Wut des Krieges oder der Sturm der Pest viele Tausende mit einem Mal dahin!

Doch ich wäre im höchsten Maße unverständig und verdiente, von Demokrit aus vollem Hals ausgelacht zu werden, wenn ich die Aufzählung der Torheiten und Albernheiten, welche die Menge begeht, zu erschöpfen versuchte. Lasst uns jetzt zu denen übergehen, die in den Augen der Menschen den Schein der Weisheit bewahren und nach dem bekannten goldenen Zweig trachten.

Da treten uns zuerst die Grammatiker entgegen, ein Menschenschlag, so unglücklich, so jämmerlich, so gottverhasst wie keiner, wenn ich nicht die Beschwerden ihres bedauerlichen Standes durch eine höchst angenehme Art von Torheit linderte. Jene ernsten Meister scheinen den Furien verfallen, aber nicht nur den fünf, wie es in einem griechischen Epigramm heißt, sondern einer Unzahl von Rachegöttinnen, denn stets laufen sie hungrig und schmutzig in ihren Schulen herum – in ihren Schulen, sage ich? Nein, in ihren Folterkammern, ihren Peinigungsstätten, ihren Marterhöhlen! Umgeben von einer zahlreichen Kinderherde, bringen sie ihr Leben in ewiger Arbeit hin, werden durch ihr eigenes Schreien schließlich taub und gehen vor Gestank und Unreinlichkeit zugrunde. Dennoch halten sie sich, kraft meiner Wohltat, für die bedeutendsten Menschen auf Erden. So sehr schmeicheln sie sich, wenn sie ihren furchtsamen Untergebenen durch drohende Blicke und donnernde Worte Schrecken einjagen, mit Stöcken, Ruten und Peitschen die Ärmsten durchprügeln und erbarmungslos nach eigenem Ermessen wüten, ganz wie jener Esel von Kumae. Ihre Unsauberkeit erscheint ihnen wie der schönste Zierrat, ihr Schmutz ist ein Wohlgeruch für sie, und da sie sich in ihrer elenden Sklavenwirtschaft wie in einem Königreich fühlen, möchten sie um keinen Preis ihre Tyrannengewalt mit der eines Phalaris oder Dionys vertauschen. Was sie aber vornehmlich glücklich macht, ist der hohe Begriff, den sie von ihrer Gelehrsamkeit haben; freilich pflanzen sie nur dummes und albernes Zeug in den Geist der Kinder, trotzdem aber, gütige Götter, welchen Donatur, welchen Palämon verachten sie nicht ihrer Weisheit gegenüber! Und auf Grund dieser Wichtigkeit, die sie sich zu geben verstehen, gelten sie auch bei den dummen und einfältigen Eltern ihrer Schüler für Leute von tiefstem Wissen.

Es gibt ferner noch eine andere Freude für die Schulmeister. Wenn einer von ihnen in einer alten, verwitterten Handschrift den Namen der Mutter des Anchises oder ein im Volksmund unbekanntes Wort wie Stierstachler, Zankzüngler oder Goldgreifer entdeckt hat, wenn es einem gelungen ist, ein altes Steinstück mit schwer zu entziffernden Buchstaben aufzufinden, oh Jupiter! Welch Wonneschauer durchbebt ihn dann, wie herrliche Triumphe feiert er, wie wird ihm von allen Beifall gespendet, als hätte er Afrika unterworfen oder Babylon erobert. Was für ein Hochgenuss ist es für sie, überall ihre frostigen, jämmerlichen Verschen vorzulesen und sich vom Volk anstaunen zu lassen! Dann glauben sie, Vergils Geist sei in ihr Inneres übergegangen! Das Beste von allem ist aber, wenn sie gegenseitig Lob für Lob, Bewunderung für Bewunderung, Kratzfuß für Kratzfuß eintauschen. Wenn einer vom Fach einen kleinen Fehler in der Syntax gemacht hat und ein anderer mit seinen schärferen Augen dies zufällig merkt, oh Herkules! Was für ein Lärm erhebt sich da sofort, was für ein Wortstreit entspinnt sich und was setzt es dann für Schmähungen und Schimpfreden! Falls ich lüge, will ich alle Grammatiker am Hals haben. Ich kenne einen Mann, der alles weiß, Griechisch, Lateinisch, Mathematik, Philosophie, Medizin, und zwar glänzt er in allen diesen Wissenschaften; er ist schon sechzig Jahre alt. Und dieser Universalgelehrte quält und foltert sich bereits seit mehr als zwanzig Jahren, ohne sich um irgendetwas anderes zu kümmern, einzig und allein mit der Grammatik; er wird befriedigt in den Tod gehen, wenn er nur so lange hat leben dürfen, bis er unanfechtbare Regeln über die Unterscheidung der acht Redeteile aufgestellt hat, was nach seiner Ansicht weder den Griechen noch den Römern völlig gelungen ist. Fürwahr, es verdiente auch einen blutigen Krieg, wenn jemand ein Bindewort mit einem Umstandswort verwechselte! Ihr könnt übrigens leicht begreifen, dass es ebenso viel, ja, fast noch mehr Grammatiken als Grammatiker gibt – meinem guten Aldus verdanken wir allein fünf. Unser grammatikalischer Starrkopf liest sie alle, so falsch und widerwärtig sie auch geschrieben sein mögen, er prüft sie gründlich, doch mit Neid im Herzen gegen jeden, der über diesen Gegenstand, und sei es auch noch so albern, zu schreiben sich unterfängt, und stets in Furcht, man könne ihn um seinen Ruhm und die Frucht seiner langjährigen Arbeit bringen. Ist es Torheit, ist es Raserei, was ihn plagt? Es ist alles, was ihr wollt, wenn ihr mir nur zugebt, dass der Grammatiker, jenes sonst mit Missgeschick überhäufte Geschöpf, dank meiner Güte bis zu der Höhe der Glückseligkeit emporsteigt, dass er sein Los nie mit dem der persischen Könige vertauschen möchte.

Die Dichter sind mir nicht so großen Dank schuldig, obwohl sie das nicht zu bestreitende Privileg haben, Toren zu sein. Sie sind ein »freies Volk«, wie das Sprichwort sagt, deren ganze Kunst nur den Zweck hat, durch Erzählung alberner Possen und läppischer Märchen andere Toren zu ergötzen. Und trotzdem versprechen sie – es ist wunderlich genug – sich und anderen auf dieses dumme Zeug hin die Unsterblichkeit und ein Götterleben. Eigenliebe und Schmeichelei stehen ihnen vor allen anderen als treue Beraterinnen zur Seite, und so sind die Dichter meine aufrichtigsten und anhänglichsten Verehrer.

Es folgen die Rhetoren. Sie sind freilich nicht meine neuesten Untertanen; sie halten es ein wenig mit den Philosophen, allein sie gehören doch zu unserer Partei, und das beweist, abgesehen von vielem anderen, vornehmlich der Umstand, dass sie außer zahlreichen anderweitigen Dummheiten so eingehend und ausführlich die Art, wie man scherzen soll, beschrieben haben. Der unbekannte Verfasser, der an Herennius die Schrift »Über die Redekunst« richtete, zählt die Torheit sogar unter die verschiedenen Formen des Witzes. Quintilian, jener hervorragende Lehrer der Beredsamkeit, hat über das Lachen ein Kapitel geschrieben, das umfangreicher ist als die Ilias. Nach Meinung dieser Autoren besitzt die Torheit so bedeutende Kraft, dass es oft nur eines guten Scherzes bedarf, um das unwiderstehlichste Vernunftgebäude zu zerstören; es müsste denn jemand der Ansicht sein, es schlage nicht in das Fach der Torheit, durch launige Rede und sprudelnden Witz alle Welt in Freude und Heiterkeit zu versetzen.

Eine andere Klasse von Leuten, den eben genannten nahe verwandt, sind die, welche von Büchern, die sie herausgeben, unsterblichen Ruhm erwarten. Im Allgemeinen gehören mir alle Schriftsteller dieser Art, ganz besonders aber die, welche nur dummes Zeug an die Öffentlichkeit bringen. Denn diejenigen, die eine Ehre darin suchen, stets fein, nur nach dem Geschmack weniger Gelehrter zu schreiben und die sich willig der Kritik eines Persius und Lälius unterwerfen, erscheinen doch mehr bemitleidens- als beneidenswert; ihr Geist ist ja ewig gefoltert: Sie fügen hinzu, verändern, streichen aus, setzen wieder hin, sie schmieden und hämmern ihre Gedanken, schließen das Geschriebene ein, suchen Rat an allen Ecken, und nach neun Jahren kommt das Manuskript glücklich aus der Presse. Auch dann sind sie noch immer nicht mit ihrer Arbeit zufrieden! Und was ist ihr Lohn? Ein flüchtiger Ruhm, der Beifall einer winzigen Leserzahl, für den sie ihre Ruhe, ihren Schlaf, jenes süßeste aller Güter, geopfert und zahllose Mühen und Arbeiten ertragen haben. Dazu kommt, dass diese zweifelhaften Unsterblichkeitskandidaten ihre Gesundheit ruinieren, blass, mager, triefäugig, ja, oft blind werden, dass sie stets im Schmutz der Armut stecken, die Missgunst vieler Mitmenschen erregen, dass sie aller Vergnügungen des Lebens entbehren und schließlich ihr Alter und ihren Tod beschleunigen. Aber um diesen Preis glaubt der Weise niemals zu teuer die Ehre zu erkaufen, dass zwei oder drei seiner Sorte ihn loben. Weit glücklicher ist dagegen in seiner Albernheit ein Schriftsteller, der unter meinem Schutz steht. Er kennt weder Kopfzerbrechen noch schlaflose Nächte; alles, was ihm gerade einfällt oder in die Feder kommt, schreibt er nieder und spart das Papier nicht, weiß er doch, dass, wenn er die dümmsten Dummheiten produziert, ihm die Mehrzahl, nämlich die Toren und Ignoranten, reichen Beifall spenden wird. Jene wenigen Gelehrten, sofern sie überhaupt unseren guten Schriftsteller lesen, sind gar nicht der Rede wert; er kann sie einfach mit Verachtung strafen. Denn was vermag wohl die tadelnde Kritik einiger Schlauköpfe gegen die lobende Stimme fast der ganzen Menschheit?

Die Plagiatoren verstehen es aber noch besser. Es ist ihnen ein Leichtes, sich fremde Werke anzueignen und einen von anderen nur durch große Mühe erworbenen Ruhm auf sich zu übertragen. Das literarische Räubervölkchen weiß recht wohl, dass man früher oder später seine Diebereien doch entdecken wird, aber sie möchten wenigstens einige Zeit lang aus denselben Nutzen ziehen. Es ist wirklich der Mühe wert, ihre selbstzufriedene Miene zu sehen, wenn man sie mit Lobsprüchen überschüttet, wenn man auf der Straße mit dem Finger nach ihnen zeigt: »Das ist der bewundernswürdige Mann!« Und wenn sie dann ihre Werke in den Schaufenstern der Buchläden erblicken. Ihre Namen prangen oben auf jeder Seite allermindestens drei, die gern fremdländisch sind und Zauberworten gleichen. Und, bei den unsterblichen Göttern, was sind diese anders als leere Namen! Zudem gibt es in Anbetracht der weiten Ausdehnung der Erde nur sehr wenige Leute, die jene Namen kennen, und eine noch geringere Anzahl, die irgendwelchen Wert darauf legt, da der Geschmack auch bei den Dummen verschieden ist. Oft geschieht es sogar, dass sie sich hinter Pseudonymen verstecken, die zum Teil auch aus den Werken der Alten entlehnt sind; so freut sich der eine, sich Telemach, der andere Stelenus, ein dritter Laertes, dieser Polykrates, jener Trasymachus nennen zu können. Mit demselben Recht dürften sie sich und ihre Bücher auch Chamäleon, Kürbis oder, nach der Sprechweise einiger Philosophen, Alpha und Beta betiteln. Das Possierlichste auf der Welt aber ist es, wenn diese Esel, diese Gimpel in gegenseitigen Briefen, Gedichten und Lobreden einander erheben und preisen. »Ihr seid ein Alcaeus!« – »Und ihr ein Kallimachus!« – »Ihr verdunkelt den Cicero!« – »Vor eurer Weisheit verschwindet der göttliche Platon!« Manchmal fordern die wackeren Draufgänger sich auch zum geistigen Wettkampf heraus, um in edlem Waffengang ihren Ruhm zu mehren. Die Menge schaut zu, »die Stimmen schwanken noch in ungewissem Streit«, bis schließlich die beiden tapferen Gegner Wunder an Mut und Kühnheit verrichtet haben und beide in gleicher Weise den Lorbeer des Sieges und die Ehre des Triumphes verdienen! Ihr lacht über diese Toren, meine Herren Weisen, und ihr habt gewiss nicht Unrecht; dank meiner Wohltat jedoch führen jene ein überglückliches Leben und möchten ihre Triumphe nie gegen die der Scipionen eintauschen. Wenn übrigens die so genannten Klugen, die jetzt so herzlich hierüber lachen und sich an der Albernheit anderer ergötzen, mir gar nicht verpflichtet zu sein glauben, dann sind sie in der Tat recht undankbar gegen mich.

Unter den Studierten behaupten die Rechtsgelehrten, allen übrigen weit voraus zu sein; ich kenne überhaupt kaum Menschen, die auf sich so eingebildet wären wie diese. Im Grunde ist jedoch, was sie tun, nur eine Sisyphusarbeit. In einem Atemzug drechseln sie eine große Anzahl aus der Luft gegriffener Gesetze zusammen, und indem sie Auslegungen auf Auslegungen, Erläuterungen auf Erläuterungen häufen, erwecken sie beim Volk den Glauben, dass von allen Wissenschaften die ihrige die angestrengteste Tätigkeit erfordere; was aber schwer erscheint, das pflegt man ja stets auch herrlich zu finden.

Die Dialektiker und Redekünstler reihen sich hier an. Diese Menschen bringen mehr Lärm und Getöse hervor als das gesamte Erz von Dodona, und jeder Einzelne von ihnen könnte sich im Keifen mit zwanzig nur zu diesem Zweck aufgesuchten Weibern messen. Doch jene Ärmsten wären immer noch glücklicher dran, wenn sie außer der zu lang geratenen Zunge nicht auch eine zu große Galle besäßen. Um jede Bagatelle fangen sie unbändig an zu zetern und zu streiten, und im allzu hitzigen Kampf für das Wahre geht ihnen die Wahrheit meist verloren. Dennoch beseligt sie ebenfalls ihre Philautia, und, ausgerüstet mit ihrem dreigliedrigen Syllogismenschema, nehmen sie ohne Zögern den Kampf mit jedem auf, worüber es auch sein mag. Der hartnäckige Eigensinn macht sie unbesiegbar, und wäre ein Stentor ihr Gegner.

Nach diesen kommen die Philosophen, ehrwürdig und Achtung gebietend durch ihren Bart und ihr Gewand. Sie rühmen sich, dass ihre Schar der Inbegriff aller Weisheit sei, und behaupten, dass die übrigen Sterblichen nur als gehaltlose Schatten umherflattern. Welch lieblichen Unsinn aber produzieren sie, wenn sie von der Vielheit der Welten reden, wenn sie Sonne, Mond, Sterne und alle Himmelskörper gleichsam mit dem Zollstock oder mit einem Faden ausmessen, wenn sie über den Blitz, über die Winde, über die Sonnen- und Mondfinsternis und alle anderen Geheimnisse der Physik Auskunft geben! Sie bleiben auf nichts die Antwort schuldig; man sollte meinen, dass sie bei der Erschaffung der Welt sozusagen die geheimen Bauräte waren und nun direkt aus der hohen Versammlung der Götter zu uns hernieder gekommen sind. Die Natur spottet jedoch lachend aller philosophischen Spekulationen. Denn dass sie nicht die geringste sichere Kenntnis besitzen, wird schon dadurch mehr als hinreichend bewiesen, dass über jeden einzelnen Punkt ein unentwirrbarer Streit unter ihnen besteht. Sie wissen in der Tat gar nichts, rühmen sich aber, alles zu wissen. Obwohl sie sich nicht einmal selber kennen und oft in eine Grube fallen, die dicht vor ihnen lag, oder sich an einem Stein stoßen, den sie nicht bemerken, weil die meisten von ihnen entweder triefäugig sind oder ihren Geist stets auf Reisen schicken, so behaupten sie trotzdem »Vorstellungen«, »Gesamtbegriffe«, »wesentliche Formen«, »Urstoffe«, »Gebilde«, »Gestaltungen«, »Wesenheiten« aus nächster Nähe zu sehen – alles so fein voneinander unterschiedene Dinge, dass sie nicht einmal ein Lynkeus zu sondern vermöchte. Nirgends aber bezeigen die Philosophen eine größere Verachtung der gemeinen Menge als in der Mathematik: Dreiecke, Vierecke, Kreise und ähnliche Figuren wirren und mengen sie zu einem wahren Labyrinth durcheinander; ebenso geht es mit den Buchstaben, die sie wie ein Bataillon Soldaten rangieren und bald in dieser, bald in jener Reihenfolge aufmarschieren lassen. Durch solchen Firlefanz blenden sie die dumme Masse. Unter diesen Meistern gibt es auch einige, die aus den Sternen die Zukunft vorhersagen und Wunderdinge verkünden, die die Aussprüche der Magier noch übertreffen; sie finden in der Tat hoch begnadete Jünger, die sie von der Unfehlbarkeit ihrer Kunst zu überzeugen wissen.

Vielleicht wäre es geratener, die Theologen ganz mit Stillschweigen zu übergehen und diesen Camarinischen Sumpf, diesen Anagyrisstrauch unberührt zu lassen, denn die Ausleger des göttlichen Wortes sind eine verteufelt grimmige und reizbare Sorte, die mich gewiss im Sturm mit ihren tausend Schlussfolgerungen angreifen werden, um mich zum Widerruf zu zwingen, und mich sofort der Ketzerei beschuldigen, wenn ich mich weigere. Dieses Wort ist ja der Blitz, den sie jedem gleich entgegenschleudern, der es sich mit ihnen verscherzt hat. Obwohl von allen Menschen auf der Welt die Theologen am meisten geneigt sind, meine Wohltaten zu verkennen, sind sie mir in der Tat doch in mehr als einer Beziehung großen Dank schuldig. Im glücklichen Vollbesitz ihrer Philautia thronen sie gleichsam im dritten Himmel und blicken vom Gipfel ihrer Höhe auf alle Sterblichen wie auf jämmerliche Erdenwürmer herab, ja, bemitleiden sie fast. Umgeben von einer mächtigen Schanze von Haupt- und Grunddefinitionen, von Schlüssen und Folgerungen, von speziellen und allgemeinen Obersätzen, finden sie so viele Ausflüchte, dass selbst Vulkan sie in seinen Netzen nicht festzuhalten imstande wäre. Sie entrinnen stets mit Hilfe ihrer Distinktionen, durch die sie jeden Knoten leichter trennen, als es das Beil von Tenedos vermag, ist ihre Waffe doch aus allen möglichen geklügelten und ungeheuerlichen Ausdrücken zusammengeschmiedet.

Dies erkennt ihr recht deutlich, wenn sie nach ihrem Gutdünken die tiefsten Geheimnisse erläutern. Handelt es sich um die Schöpfung und Anordnung der Welt, um die Fortpflanzung der Erbsünde, um die räumliche und zeitliche Bestimmung der Menschwerdung Christi oder um die Möglichkeit des von ihrer Substanz getrennten Bestehens der Akzidenzen im Abendmahl, so sind das völlig abgedroschene Themen für Anfänger. Jener großen und wie sie sich nennen, »erleuchteten« Meister der Theologie sind nur Fragen würdig wie die folgenden, bei deren Erörterung sie stets gleichsam von Neuem aufleben: »Kann man bei der göttlichen Zeugung einen messbaren Augenblick unterscheiden?« – »Stammt Christus aus mehreren Ehen?« – »Ist jener Satz: Gott der Vater hasst seinen Sohn, möglich?« – »Ist es denkbar, dass Gott von seiner Person einem Weib mitgeteilt habe oder dem Teufel oder einem Esel, einem Kürbis, einem Kieselstein?« – »Wie würde ein solcher Kürbis das Evangelium predigen, wie würde er Wunder tun, wie ans Kreuz geschlagen werden« – »Worüber würde Petrus den Segen gesprochen haben, wenn er gesegnet hätte, als der Leib Christi noch am Kreuz hing?« – »Konnte man zu eben jener Zeit sagen, dass der Heiland noch ein Mensch sei?« – »Wird es nach der Auferstehung gestattet sein, wie vorher zu essen und zu trinken?« Diese Magenfrage möchten die Herren am liebsten schon jetzt entschieden wissen.

Außerdem haben sie noch eine Unzahl viel feinerer Wortklaubereien: Die Verstandesbegriffe, die Verhältnisse, die Momente, die Formalitäten, Quidditäten, Ecceitäten – reine Phantasiegeburten, die niemand zu sehen noch zu erkennen imstande ist, er müsste denn gerade so scharfe Augen haben, dass er durch die schwärzeste Finsternis hindurch Dinge zu unterscheiden vermag, die nirgends existieren. Dazu kommen ihre »Sentenzen«, die so widersinnig sind, dass die bekannten Paradoxa der Stoiker dagegen nur als plumpe, jämmerliche Possenreißereien erscheinen. Sie sagen zum Beispiel, »es sei ein geringeres Verbrechen, tausend Menschen zu ermorden, als am Sonntag einem Armen die Schuhe zu flicken«; oder: »man müsse eher die ganze Welt und alles, was damit zusammenhängt, ins Nichts zurückkehren lassen, als auch nur die geringfügigste Unwahrheit aussprechen.«

Diese spitzfindigsten Spitzfindigkeiten spitzen die verschiedenen Bahnen und Wege der Schulen noch feiner zu, sodass man sich eher in den Gängen eines Labyrinthes orientieren als einen Ausgang entdecken könnte in dem Gewirr der Realisten, Nominalisten, Thomisten, Albertisten, Occamisten, Skotisten … das sind noch lange nicht alle, aber doch wenigstens die hervorragendsten Sekten. In allen diesen Schulen gibt es so viele Lehrgegenstände, deren Studium mit den größten Schwierigkeiten und Mühen verknüpft ist, dass die Apostel sicherlich, wenn sie mit den heutigen Theologen über jene Gegenstände disputieren sollten, von einem ganz anderen Geist beseelt sein müssten als damals. Paulus war fest in seinem Glauben; wenn er jedoch sagt: »Es ist aber der Glaube eine gewisse Zuversicht dessen, das man erhofft, und nicht zweifelt an dem, das man nicht sieht«, so ist diese Definition nach modernen Begriffen nicht schulgerecht. Derselbe Apostel war ein feuriger Verkünder der christlichen Liebe, doch er hat im 13. Kapitel seines ersten Briefes an die Korinther diese Tugend weder begrifflich festgestellt noch in ihre Teile zerlegt, was recht wenig dialektische Fertigkeit verrät. Die Apostel reichten in Andacht und Frömmigkeit das Sakrament des heiligen Abendmahls: Wenn sie aber erst hätten beantworten sollen, von wann bis wann die Wirkung der Segnung dauere, wie die Transsubstantiation eigentlich vor sich gehe, wie es möglich sei, dass ein und derselbe Körper zugleich an mehreren Orten verweile, welcher Unterschied bestehe zwischen dem Leib des Heilands im Himmel, am Kreuz und im Sakrament, in welchem Augenblick die Transsubstantiation erfolge, da ja doch die Sprüche der Segnung aus einzelnen Silben und Worten zusammengesetzt seien und sich deshalb nur nacheinander beten ließen, wenn sie, sage ich, das alles erst hätten darlegen sollen, sie wären gewiss nicht mit einer ebenso scharfsinnigen Antwort bei der Hand gewesen wie die Skotisten, die meisterlich über diese Begriffe zu streiten und sie zu definieren verstehen. Die Apostel kannten die Mutter Gottes, hat aber einer vom ihnen mit so philosophischer Genauigkeit wie unsere Theologen nachgewiesen, dass sie von der Sünde des Erzvaters Adam frei geblieben sind? Petrus hat aus des Heilands eigenen Händen die Schlüssel empfangen, und Jesus gab sie doch gewiss keinem Unwürdigen; dennoch möchte ich bezweifeln, dass jener die volle Bedeutung der subtilen Frage erfasste – jedenfalls berührt er sie an keiner Stelle –, wie denn einer, der keine Erkenntnis besitze, den Schlüssel der Erkenntnis besitzen dürfe. Die Apostel tauften allenthalben, aber nirgends haben sie gelehrt, was die Bildungs- und Stoffursache, was die wirkende, was die endliche Ursache der Taufe sei, auch erwähnen sie nie etwas von den vertilgbaren und unvertilgbaren Zeichen. Sie beteten Gott an, doch nur im Geist, dem großen Hauptsatz des Evangeliums gemäß: »Gott ist ein Geist, und die ihn anbeten, müssen ihn im Geist und in der Wahrheit anbeten.« Offenbar ist ihnen damals noch nicht klar gewesen, dass der Person Jesu Christi eine Anbetung in nicht höherem Maße zukomme als den mit Kohle an die Wand geschmierten Bildchen, die den Heiland darstellen, wenn diese Bilder nur die vorschriftsmäßigen Attribute zeigen: die ausgebreiteten Hände, das wallende Haar und den Heiligenschein am Haupt. Wer sollte auch wohl eine so tiefe Gelehrsamkeit erfassen, ohne sich sechsunddreißig volle Jahre als Schüler des Aristoteles und des Skotus in der Arena der Physik und Metaphysik getummelt zu haben? Die Apostel sprechen oftmals von der Gnade, doch sie unterscheiden nirgends freiwillige von gewährender Gnade. Sie ermahnen zu guten Werken, aber sie kennen keine Verschiedenheit der verdienstlichen Tat von der Tat, die durch ihre eigene Vorzüglichkeit wirkt. An der Spitze ihrer Lehren steht die Nächstenliebe, sie trennen dieselbe jedoch nicht in angeborene und erworbene und legen nicht dar, ob man sie als Substanz oder Akzidens ansehen, ob man sie als erschaffen oder unerschaffen betrachten müsse. Sie hassen die Sünde, aber ich will sterben, wenn sie eine gelehrte Definition derselben hätten geben können, es müsste denn gerade der heilige Geist der Skotisten in sie gefahren sein; denn ich kann unmöglich glauben, dass Paulus, von dessen Bildung man auf die aller anderen Apostel schließen darf, so oft gegen die Fragen, gegen das Geschwätz und Gezänke, gegen die Geschlechtsregister und, wie er es selber nennt, die Wortkriege geeifert haben würde, wenn er von den Kniffen und Pfiffen unserer Zeit etwas gewusst hätte. In der Tat waren die Kontroversen, die sich in der werdenden Kirche erhoben, nur bäurisches, armseliges Zeug im

Vergleich mit der raffinierten, einen Chrysippus fast noch übertreffenden Klügelei unserer Meister.

Dennoch muss ich ihre Bescheidenheit und Zurückhaltung anerkennen: Sie verdammen das, was die Apostel in ihren Schriften vielleicht nicht elegant genug oder zu wenig bestimmt ausgedrückt haben, nicht gänzlich, sondern suchen es gehörig zu deuten, teils aus Rücksicht auf das ehrwürdige Alter jener Stellen, teils aus Achtung vor dem Namen eines Apostels. Es wäre doch auch wahrlich unbillig, über so schwierige Gegenstände von den Aposteln Rechenschaft zu fordern, haben sie doch von ihrem göttlichen Lehrer nie ein Wort darüber erfahren. Findet sich aber das Gleiche bei den Kirchenvätern Chrysostomus, Basilius oder Hieronymus, so notiert man ganz einfach am Rand: »Das wird nicht anerkannt.« Jene alten Gelehrten hatten Leute zu bekämpfen, die sehr zäh an ihrer Eigenart festhielten, die heidnischen Weltweisen und die Juden, aber sie suchten die Ansichten derselben mehr durch fromme Lehren und Wunder als durch Beweisgründe zu widerlegen, auch waren diese Gegner so beschränkten Geistes, dass sie nicht einen einzigen Satz der Skotisten zu begreifen vermocht hätten. Aber heute! Welcher Heide, welcher Ketzer erklärte sich nicht in einem so dichten Pfeilregen der schärfsten Spitzfindigkeiten sogleich für besiegt, wenn er nicht gerade zu dumm ist, sie überhaupt zu verstehen, oder unverschämt genug, sie zu verspotten, oder endlich auch, wenn er dieselben Waffen führt, sodass dann der Kampf gleich wäre, wie wenn ein Riese mit einem anderen Riesen stritte, oder jemand, der einen gefeiten Degen hat, mit einem gleich ausgerüsteten Feind einen Waffengang täte; dann wäre aber das Resultat dasselbe wie bei dem Gewebe der Penelope.

Da ich gerade vom Kampf rede: Ich glaube, die Christen müssten statt jener schwerfälligen Soldateska, deren sie sich schon lange ohne Erfolg bedienen, die wortreichen Skotisten, die starrköpfigen Occamisten, die unbesiegbaren Albertisten und überhaupt die ganze Streitmacht der Sophisten gegen die Türken und Sarazenen ins Feld schicken. Da würden sie doch einmal eine prächtige Schlacht zu sehen bekommen und einen Sieg erleben, wie er noch nie da gewesen! Denn wer könnte eisig genug sein, um nicht am Feuer jener flammenden Pfeile zu erglühen? Wer lässig genug, um nicht beim Stich jener Sporen vorwärts zu stürmen? Wer scharfsichtig genug, um nicht durch den Glanz jener Geistesstrahlen geblendet zu werden? Doch ihr meint, ich sage dies alles nur zum Scherz; das kann ich begreifen, denn unter den Theologen gibt es auch Leute mit tüchtigeren Kenntnissen, denen derartige frivole theologische Spitzfindigkeiten, wie sie sie bezeichnen, zuwider sind. Einige verabscheuen es sogar wie einen Frevel und halten es für den Gipfel aller Gottlosigkeit, an den unergründlichen Mysterien, die man in Demut anbeten, aber nicht erklären müsse, mit so ungewaschenen Händen herumzuklauben, mit so profanen, heidnischen Klügeleien über sie zu streiten, mit so frecher Anmaßung sie zu definieren und die Majestät der heiligen Theologie durch kalte, abgeschmackte Worte und Sprüche zu beschmutzen. Aber jene kümmern sich nicht darum, genießen das Glück der Selbstgefälligkeit in höchstem Maß und spenden sich allein so viel Beifall, dass sie bei ihren reizenden

Schnurrpfeifereien, denen sie Tage und Nächte opfern, nicht die kleinste Muße finden, das Evangelium oder die Epistel des Paulus auch nur einmal aufzuschlagen. Während sie ihr dummes Zeug eifrigst in den Schulen lehren, wähnen sie, dass das ganze Gebäude der Kirche zusammenstürzen müsste, wenn sie es nicht durch die Säulen ihrer Syllogismen stützten, wie Atlas bei den Dichtern die Welt auf seinen Schultern trägt. Ein wie reicher Quell der Glückseligkeit, glaubt ihr wohl, ist es für sie, wenn sie die heilige Schrift, als wäre sie aus Wachs, nach ihrem Belieben formen und gestalten und kühn behaupten, ihre bereits von mehreren Scholastikern gebilligten Bibelerklärungen verdienten höheres Ansehen als die Gesetze Solons, ja, wären weit wichtiger als die Verordnungen des Papstes selbst. Sie werfen sich zu Zensoren der ganzen Welt auf, und wenn einer auch nur im allergeringsten von ihren direkten oder indirekten Schlussfolgerungen abweicht, so zwingen sie ihn zum sofortigen Widerruf. Ihr hört sie im Ton eines Orakels sagen: »Dieser Satz ist anstößig, jener nicht ehrerbietig genug; diese Behauptung schmeckt nach Ketzerei, jene andere klingt schlecht«, sodass weder Taufe noch Evangelium, weder Paulus noch Petrus, weder Hieronymus noch Augustinus, noch auch der große Aristoteliker Thomas, dass alle diese Heiligen zusammen, sage ich, ohne die Zustimmung der Bakkalaurei keinen einzigen wahren Christen bilden könnten – so fein wissen diese zu urteilen! Wer hätte wohl jemals gedacht, dass der kein Christ sei, der behauptete, die beiden Redeweisen: »Nachttopf stinkst« und »Nachttopf stinkt« oder »die Schüssel ist heiß« und »heiß ist die Schüssel« wären gleich gut, ohne dass es ihn vorher die scharfsinnigen Theologen gelehrt hätten? Wie wäre die Kirche von der Finsternis so zahlreicher Irrtümer befreit worden, die kein Mensch je beim Lesen bemerkt hätte, wenn nicht jene sie als Resultate ihres Spürsinns veröffentlicht und das große Universitätssiegel darauf gedrückt hätten?

Doch sind sie bei allem ihrem Treiben nicht glückliche Leute? Wie eingehend und genau schildern sie alle Vorgänge in der Hölle, als wären sie selbst einige Jahre Bürger im Staat der Verdammten gewesen! Und wie herrliche neue Himmel fabrizieren sie, wenn es ihnen gerade passt! Besonders jenes geräumige, liebliche Paradies, wo die im Glanz ewiger Herrlichkeit strahlenden Seelen nach Wohlgefallen sich mit Spaziergängen oder mit Festgelagen und Ballspiel die Zeit vertreiben können!

Mit diesem und zahllosem anderen läppischen Zeug haben sie ihren Kopf so übervoll gepfropft, dass selbst Jupiters Gehirn nicht umfangreicher gewesen sein kann, als er, um von Pallas entbunden zu werden, Vulkans Axt um Hilfe anflehte. Deshalb wundert euch auch nicht, dass sie bei öffentlichen Disputationen ihr Haupt so sorgsam mit einer großen Zahl von Bändern umwinden, sonst würde es unfehlbar in tausend Stücke zerspringen. Selbst ich muss bisweilen darüber lachen, wie sich die Theologen erst dann als vollkommen ansehen, wenn sie ihr garstiges Kauderwelsch gänzlich beherrschen und so konfuses Zeug zusammenreden, dass höchstens ein Verrückter sie verstehen kann, denn sie betrachten es als die größte Leistung des Scharfsinns, zu sprechen, was der Menge unfasslich ist. Sie behaupten, es hieße die Würde der heiligen Schrift herabsetzen, wenn man sie den kleinlichen Regeln der Grammatik unterwerfen wollte. Fürwahr, die Majestät der Theologen ist doch erhaben! Ihnen allein steht es frei, Sprachfehler zu machen, und nur der Pöbel darf mit ihnen um dieses Vorrecht wetteifern! Schließlich fühlen sie sich fast den Göttern gleich, wenn man sie in beinahe religiöser Verehrung »Unser Herr« nennt, denn sie glauben in dieser Anrede etwas von dem unaussprechlichen Namen zu spüren, den die Juden mit jenen vier Buchstaben bezeichnen. Darum dürfe man, meinen sie, die Worte *Magister noster* nie anders als mit großen Lettern schreiben; wenn sich aber jemand einfallen lassen wollte, die Reihenfolge der Worte umzukehren und *Noster* vor *Magister* zu setzen, dann würde er mit einem Mal die ganze Hoheit des theologischen Namens vernichten.

Dem Glück der Theologen stehen die Leute am nächsten, die sich gemeinhin Religionsvertreter und Mönche nennen, beides Namen, die recht unpassend gewählt sind, denn erstens entbehrt die Mehrzahl unter ihnen fast jeder Religion, und zweitens trifft man kaum eine Menschengattung allerorten häufiger als gerade diese. Ich darf wohl behaupten, dass sie die bejammernswertesten Geschöpfe wären, wenn ich ihnen nicht so vielseitig Hilfe leistete. Sie sind ja so verhasst, dass man sogar ihre zufällige Begegnung für eine üble Vorbedeutung ansieht; trotz alledem sind sie von unbeschreiblicher Eigenliebe. Zunächst halten sie es für das wichtigste Erfordernis eines frommen Lebenswandels, so wenig zu wissen, dass sie nicht einmal lesen können. Ferner lassen sie es sich nicht im Geringsten angelegen sein, die ihnen zugezählten Psalmenverse zu verstehen, sondern plärren sie mit ihren Eselsstimmen im Tempel herunter und glauben, den Himmel dadurch in Staunen und Entzücken zu versetzen. Unter dieser Gesellschaft gibt es auch manche, die aus ihrem Schmutz und ihrem Bettelstab sogar Kapital schlagen; an allen Türen sieht man sie vorsprechen und mit dreister, kecker Miene Brot fordern; alle Schänken, Wagen und Kähne belästigen sie zum großen Schaden der gewöhnlichen Bettler. So glauben die »Holdseligen« durch Unsauberkeit, Unwissenheit, Grobheit und Unverschämtheit uns, wie sie sagen, ein Bild von den Aposteln zu geben.

Nichts aber macht mir größeren Spaß als die genaue und peinliche Ordnung, die sie bei allem, was sie tun, beobachten, so als bedienten sie sich mathematischer Berechnungen, deren Umgehung eine Sünde sei. Eine bestimmte Anzahl Knoten an den Schuhen, der Riemen von bestimmter Farbe, das Gewand aus bestimmt vielen Lappen zusammengeflickt, der Gürtel aus bestimmtem Stoff und nach bestimmtem Muster, die Kapuze von bestimmter Weite und bestimmtem Schnitt, die Tonsur in bestimmter Breite, die Schlafenszeit zu bestimmten Stunden. Ihr seht leicht ein, dass diese große Einförmigkeit sich mit der unendlichen Verschiedenheit der Gesinnungen und Körper nicht vertragen kann. Und doch bewirken diese lächerlichen Possen, dass die Mönche sich nicht nur hoch über die »Weltlichen« erheben, sondern sich auch gegenseitig missachten und bekämpfen, und jene Vertreter der apostolischen Liebe möchten einander zerreißen wegen eines Gewandes, das nicht nach der Vorschrift gegürtet, oder wegen einer Farbe die etwas zu dunkel geraten ist. Auch gibt es unter ihnen einige, die die Frömmigkeit so streng üben, dass sie stets im härenen zilizischen Kittel umhergehen, aber das darunter steckende milesische Gewand nicht sehen lassen; andere wiederum tragen außen Linnen, Wolle innen. Eine dritte Sorte schreckt vor dem Geld wie vor einem giftigen Kraut zurück, aber für Wein und Weib halten sie ihre fünf Sinne nur zu offen. Schließlich könnt ihr euch gar nicht denken, wie sehr sie alle bemüht sind, sich in ihrer Lebensweise zu unterscheiden; sie streben nicht danach, Christo ähnlich, sondern nur einander recht unähnlich zu sein.

Ein bedeutender Teil ihrer Glückseligkeit liegt auch in der Mannigfaltigkeit der Beinamen, die sie sich geben. Die einen prahlen mit dem Namen der Franziskaner und verzweigen sich in Coletaner, Minoriten, Minimen und Bullisten. Die einen heißen Benediktiner, die anderen Bernhardiner, diese bilden den Brigitten-, jene den Augustinerorden, die einen nennen sich Wilhelmiten, die anderen Jakobiner: Es genügt allen diesen nicht, den Namen eines Christen zu tragen. Die meisten von ihnen glauben so bestimmt an die Unübertrefflichkeit ihrer Gebräuche und einiger alten, geringfügigen Überlieferungen, dass ihnen die Freuden eines Himmels keine ausreichende Belohnung für ihre Verdienste zu sein scheinen; aber sie vergessen leider, dass Christus, ohne Rücksicht auf dieses Puppenspiel, allein über die christliche Liebe, sein hauptsächlichstes Gebot, Rechenschaft fordern wird. Am furchtbaren Tag des Gerichts wird der eine mit seinem Bauch prunken, den er durch die verschiedenartigsten Fische gemästet hat, ein anderer wird hundert Scheffel Psalmen ausschütten, der dritte wird sein strenges Fasten anführen und es sich hoch anrechnen, dass ihm hinterher oft nach einem einzigen Frühstück der Bauch beinahe geborsten ist; dieser wird mit einem so großen Haufen mönchischer Andachtsübungen kommen, dass man sie kaum auf sieben Lastschiffe laden könnte, jener wird sich rühmen, sechzig Jahre lang kein Geld außer mit doppelt umhüllten Fingern angerührt zu haben; der eine wird seine Kutte vorzeigen, die so schmutzig und grob ist, dass selbst ein gemeiner Schiffer sie nicht tragen möchte, der andere wird sich brüsten, länger als fünfundfünfzig Jahre, wie ein Schwamm am Felsen, immer in demselben Kloster gelebt zu haben; dieser wird nachweisen, dass durch zu vieles Singen seine Stimme rau geworden ist, jener dass die große Einsamkeit ihn in einen schlafähnlichen Zustand versetzt hat, noch ein anderer, dass durch das Schweigen seine Zunge schwer geworden: Aber Christus wird alle diese eitlen Prahlereien, die sonst vielleicht kein Ende nehmen würden, unterbrechen und fragen: Woher stammt dieses neue Judengeschlecht? Nur ein einziges Gesetz erkenne ich wahrhaft als das meine an, und ihr erwähnt es nicht mit einem Wort?! Ich habe einst offen und unumwunden das Erbe meines Vaters verheißen, aber nicht für das Tragen von Mönchskutten, nicht für das Hersagen von Gebetformeln, nicht für das Erdulden von Kasteiungen, sondern für die getreue Ausübung der christlichen Liebe. Ich kenne solche Leute nicht, die nichts anderes zu rühmen wissen als ihre verdienstlichen Werke; sie, die mich selbst an Heiligkeit übertreffen wollen, mögen, wenn es ihnen passt, in die Himmel der

Anbeter des Abraxas eingehen oder sich von denen ein neues Paradies bauen lassen, deren nichtige Überlieferungen sie meinen heiligen Lehren vorgezogen haben! – Wenn sie dieses Urteil hören und zudem sehen werden, dass man gewöhnliche Schiffer und Arbeiter weit besser aufnimmt als sie, mit wie bestürzten Mienen, glaubt ihr, werden sie da einander anblicken!? Trotzdem sind sie inzwischen selig und glücklich in ihrer törichten Hoffnung, und das geschieht nicht zum Wenigsten durch meine Wohltat.

Obgleich die Mönche von dem eigentlichen Staatswesen getrennt leben, wagt es doch niemand, sie zu verachten. Dies gilt vor allem von den Bettelmönchen, die auf dem Weg der so genannten Beichte von allen alle Geheimnisse erfahren haben. Sie halten das Ausplaudern derselben freilich für eine Sünde, vergessen dies dennoch öfter, besonders wenn sie ein Gläschen zu viel getrunken haben und sich durch lustige Geschichtchen ergötzen wollen; aber sie sprechen dann gleichsam nur in Vermutungen und nennen auch keine Namen. Hat jemand diese Hornissen gereizt, so rächen sie sich geziemend bei der Predigt und reden mit allerhand Anzüglichkeiten so versteckt von ihrem Gegner, dass man blind sein müsste, um den Betreffenden nicht sofort zu erkennen. Und, glaubt mir, die Bestie lässt nicht eher los, als bis ihr sie durch einen besänftigenden Bissen eingeschläfert habt. Aber welchem Possenreißer, welchem Hanswurst möchte man trotzdem lieber zuschauen als jenen trefflichen Rednern, die auf der Kanzel so possierlich und so nett die Vorschriften der Rhetoren über die Redekunst nachäffen? Unsterbliche Götter! Wie sie gestikulieren, wie sie die Stimme heben und senken, wie sie singen, wie sie sich gebärden, wie sie bald dieses, bald jenes Gesicht schneiden und mit ihrem Geschrei das ganze Gotteshaus erfüllen! Und diese Art, das Evangelium zu verkünden, teilt ein Mönch dem anderen wie ein Geheimnis mit. Obwohl es mir eigentlich nicht zukommt, in dies Mysterium eingeweiht zu sein, will ich doch hier einigen Vermutungen Raum geben.

Sie beginnen mit einer Anrufung, was sie den Dichtern nachmachen. Wollen sie dann über die christliche Liebe reden, so folgt eine Einleitung, bei der sie vom Nilstrom anfangen, oder soll das Geheimnis des Kreuzes der Gegenstand ihres Vortrags sein, so setzen sie mit vielem Geschick bei Bel ein, jenem Ungeheuer Babylons; wollen sie vom Fasten sprechen, so stellen sie die zwölf Zeichen des Tierkreises an die Spitze ihrer Predigt; gedenken sie, den Glauben zu behandeln, so leiten sie ihre Rede mit einer Betrachtung über die Quadratur des Kreises ein. Ich habe selber einmal einen jener Redner gehört, einen Mann von vollendeter Torheit – ich habe mich geirrt, ich wollte sagen: von vollendeter Gelehrsamkeit, der in einer sehr zahlreich besuchten Versammlung das Geheimnis der göttlichen Dreieinigkeit erläutern wollte. Um einen Beweis von der Erhabenheit seines Wissens zu geben und die Ohren der anwesenden Theologen zu befriedigen, wählte er einen völlig neuen Weg: Er fing mit dem Abc an, ging dann zu den Silben, von diesen zu den Wörtern über und kam danach zu der Übereinstimmung zwischen Nomen und Verbum und zwischen Substantiv und Adjektiv. Die ganze Versammlung geriet in das äußerste Erstaunen, und manche murmelten bereits die

Worte des Horaz: »Wohin nur zielt dieser Unsinn?« Der gute Meister Prediger löste das Rätsel schließlich so, dass er die Elemente der Grammatik als Bild der sakrosankten Dreieinigkeit hinstellte und dies so deutlich durchführte, wie es kaum ein Mathematiker mit seinen Figuren im Sand vermocht hätte. An dieser Predigt hatte jener Stern unter den Gottesgelehrten acht volle Monate angestrengt gearbeitet und ist infolgedessen heute noch blinder als ein Maulwurf – die ganze Kraft seines Gesichts ist natürlich aufgegangen im Glanz seines Geistes. Die Blindheit verursacht ihm jedoch nicht die geringste Reue, ja, er glaubt sogar, seinen Ruhm noch zu billig erworben zu haben.

Auch noch einen zweiten habe ich gehört; es war ein Graubart von achtzig Jahren, aber ein so kluger und scharfsinniger Theologe, dass man ihn für den leibhaftigen Skotus hätte halten können. Er wollte das im Namen »Jesus« verborgene Mysterium erklären und legte mit kaum denkbarer Geistesschärfe dar, dass alles, was man zum Ruhm des Heilands sagen könne, in den Buchstaben seines Namens enthalten sei. Denn da dieses Wort nur drei Fälle in seiner Deklination habe, so biete es uns ein deutliches Symbol für die drei Personen der Gottheit in ein und demselben Wesen. Weil nun ferner von diesen Fällen der erste mit einem S, Jesus, der zweite mit einem M, Jesum, und der dritte mit einem U, Jesu, ende, so berge dies offenbar ein großes Geheimnis, denn die drei Endbuchstaben besagen zweifellos, dass der Heiland zugleich die *S*pitze, die *M*itte und der *U*nterste sei, *Summus, Medius, Ultimus*. Nun blieb noch eine viel verzwicktere Schwierigkeit zu überwinden, die ein wahrhaft mathematisches Genie erforderte. Der Name »Jesus« lässt sich in der Weise in zwei gleiche Teile zerlegen, dass durch den Einschnitt das S in der Mitte ausfällt. Die Hebräer aber, so entwickelte der Prediger, schreiben diesen Buchstaben: ש was sie »Sin« aussprechen, und da nun, im Schottischen glaube ich, *sin* so viel wie »Sünde« bedeute, so gehe, schloss er, aus alledem klar hervor, dass der Heiland »die Sünden der Welt vertilge«. Bei dieser ganz ungeahnten Einleitung staunten alle Zuhörer, besonders die Theologen, derart mit offenem Mund, dass es jedem fast gegangen wäre wie einst der Niobe, mir aber wäre vor Lachen beinahe dieselbe Unschicklichkeit passiert wie ehedem dem Priapus aus Feigenholz, als er zu seinem Unglück die nächtlichen Zaubereien der Kanidia und Sagana mit ansah. Und mit Recht, denn wann hätte sich je bei den Griechen Demosthenes oder bei den Römern Cicero ähnlicher Schleichwege bedient? Sie sahen es als das Zeichen eines Stümpers an, wenn die Einleitung zu weit vom Thema entfernt lag, weil nicht einmal, gemäß einem richtigen natürlichen Gefühl, ein Sauhirt so zu sprechen beginne. Aber unsere gelehrten Mönche glauben, dass ihr »Präambulum«, wie sie sich ausdrücken, erst dann ein vollendet rhetorisches sei, wenn es nirgendwo auch nur den geringsten Zusammenhang mit der übrigen Rede hat, sodass der Zuhörer staunend bei sich denken muss: »Wohin nur stürzt der Verwegene?«

An dritter Stelle bringen sie in Form einer Erzählung irgendeinen Abschnitt aus dem Evangelium, aber sie legen diesen nur obenhin und flüchtig aus, obgleich dieser Teil doch der eigentliche und hauptsächliche sein müsste. Viertens beginnen sie, als hätten sie plötzlich eine ganz andere Rolle zu spielen, mit der Erörterung einer meist unfassbaren, zwischen Erde und Himmel schwebenden, klerikalen Frage. Sie meinen, dass diese Abschweifung gerade den Regeln der Kunst entspreche. Hier geben sie ihrem theologischen Antlitz einen stolzen Ausdruck und betäuben die Versammlung durch die prächtigen Beiwörter, die sie ihren großen Meistern verleihen: feierliche Doktoren, scharfsinnigste Doktoren, seraphische Doktoren, cherubische Doktoren, heilige Doktoren, unwiderlegliche Doktoren! Dann schleudern sie der unwissenden Menge einen Hagel von »Syllogismen«, »Obersätzen«, »Untersätzen«, »Schlussfolgerungen«, »Korollarien«, »Voraussetzungen« und alle ihre frostigen scholastischen Possen ins Gesicht!

Es fehlt noch der fünfte Akt der Komödie, in dem sie sich als Virtuosen ihrer Kunst bewähren müssen. Hier erzählen sie irgendeine dumme und alberne Geschichte, die sie dem »Historischen Almanach« oder den »Taten der Römern« entnommen haben, und behandeln sie »allegorisch«, »tropologisch« und »anagogisch«. So führen sie dieses Monstrum von Rede zu Ende, das mehr Chimäre ist als das Ungeheuer, das Horaz mit den Worten zu beschreiben beginnt: »Wenn zu menschlichem Haupte …«

Unsere Mönche haben ferner, der Kuckuck weiß von wem gehört, dass man beim Eingang der Rede gelassen sprechen und sich wohl hüten müsse, die Stimme zu sehr zu erheben. Nach diesem Grundsatz reden sie in der Einleitung so leise, dass sie ihr eigenes Wort kaum hören, als handle es sich darum zu sagen, was niemand verstehen soll. Sie haben sich auch erzählen lassen, dass der Redner, um die Herzen der Zuhörer zu erschüttern, sich von Zeit zu Zeit heftiger Ausrufe bedienen müsse. Darum fangen sie, wenn sie eben noch ganz ruhig redeten, plötzlich wie Wütende an zu schreien, selbst ohne die geringste Ursache. Man möchte schwören, dass ein solcher Mensch das Elleboruskraut nötig habe, denn er ist doch vollkommen verrückt, wenn er meint, es sei ganz gleich, wann er schreie. Da ihnen auch bekannt ist, dass die Rede in ihrem weiteren Verlauf an Leidenschaftlichkeit zunehmen müsse, so sprechen sie in den einzelnen Teilen die ersten Sätze stets in ganz friedlichem Ton, dann aber, und mag es sich um die kältesten Dinge handeln, heben sie die Stimme mit so gewaltiger Kraft, dass, wenn sie fertig sind, man denken möchte, sie müssten ohnmächtig zusammensinken. Schließlich wissen sie von der Rhetorik noch, dass es gut sei, auch einige lustige Einfälle vorzubringen, und bemühen sich deshalb ebenfalls, hin und wieder Scherze einzustreuen – du lieber Himmel, mit wie feinem Gefühl, mit wie zartem Takt! Ganz wie der Esel beim Solo auf der Laute. Sie beißen auch öfter, aber nur so, dass sie mehr necken als verwunden, und niemals schmeicheln sie offener, als wenn sie sich bei ihren Reden den Schein der größten apostolischen Freiheit geben. Kurz: Ihr ganzes Gebaren ist derart, dass man schwören möchte, die in diesem Fach noch hervorragenderen Hanswürste auf dem Markt seien ihre Lehrer gewesen. In der Tat sind beide einander so ähnlich, dass sicherlich entweder die Possenreißer von unsern Predigern die Rhetorik gelernt haben oder die diese bei jenen in die Schule gegangen sind. Trotzdem fehlt es ihnen dank meiner Beihilfe nie an Toren, die, wenn sie jenen Reden lauschen, einen wahren Demosthenes und Cicero zu hören meinen. Es sind dies namentlich Kaufleute und Frauen, deren beider Gunst unsere Prediger gleichmäßig zu gewinnen suchen, denn die Kaufleute geben ihnen, wenn man's nur richtig anzufangen versteht, herzlich gern einen kleinen Teil des unrecht erworbenen Gutes ab, die Frauen aber haben außer zahlreichen anderen Gründen, den Mönchen gewogen zu sein, vornehmlich den einen, dass sie bei ihnen stets Linderung und Trost für die Bitterkeiten des Ehejochs finden. Ich glaube, dass ihr nunmehr zur Genüge erkennt, zu wie großem Dank mir jene kuttengekrönten Häupter verpflichtet sind, die durch nichts sagende Scheinheiligkeit, durch frömmelndes Gaukelspiel und zeterndes Geschrei eine Art Tyrannei über die Mehrzahl der Menschen ausüben und sich einem Paulus und Antonius an die Seite stellen.

Aber ich wende mich jetzt leichten Herzens von den Mönchen ab, diesen Heuchlern, die mit ebenso undankbarem Herzen meine Wohltaten zu verleugnen, wie mit falscher Gesinnung die Religion zu erheucheln verstehen. Denn schon lange habe ich vor, euch etwas von den Fürsten und Großen am Hof zu sagen, die mich ohne Falsch und Verstellung mit der ganzen Offenheit, die ihrem Rang zukommt, verehren. Wenn sie auch nur eine halbe Unze Weisheit besäßen, gäbe es dann etwas Traurigeres, etwas Verabscheuenswürdigeres als ihren Stand? Gewiss wird niemand mehr durch Meineid und Meuchelmord nach der Krone streben wollen, der mit

Aufmerksamkeit über die ungeheure Last nachgedacht hat, die auf den Schultern eines guten Landesherrn ruht. Wer an der Spitze eines Volkes steht, der darf stets nur für die Interessen der Öffentlichkeit, nie für die eigenen leben und muss Tag und Nacht auf das Gemeinwohl bedacht sein; keinen Finger breit darf er von den Gesetzen, deren Urheber und Vollstrecker er selber ist, abweichen; er muss stets auf Unbestechlichkeit und Lauterkeit aller Bediensteten und Beamten halten, jeden Augenblick daran denken, dass aller Augen auf ihn gerichtet sind und dass er durch einen reinen Lebenswandel, wie ein Glücksstern, Heil bringend auf den Gang der menschlichen Verhältnisse einwirken kann, aber auch, gleich einem verderblichen Kometen, das größte Unheil heraufzubeschwören imstande ist; niemals darf er vergessen, dass die Laster der Untertanen weder in ihren Folgen so schwer, noch in ihrer Ausbreitung so gefährlich sind; täglich muss er sich wiederholen, dass der König auf einer Höhe steht, wo seine Taten, wenn er auch nur in Geringem mit schlechtem Beispiel vorangeht, einer Pest gleichen, die im Fluge fürchterliche Verheerungen anrichtet; er muss sich daran erinnern, dass die mit Glücksgütern gesegnete Stellung eines Monarchen diesem in den Vergnügungen, der Freiheit, der Schmeichelei, der Pracht und dem Glanz ständig Gelegenheit bietet, den rechten Weg zu verlassen, und dass er deshalb umso eifriger trachten, umso sorgsamer wachen muss, nicht doch der Verführung zu erliegen und seine Pflicht zu verletzen; schließlich muss er sich oft ins Gedächtnis zurückrufen, dass, um von Nachstellungen, Gehässigkeiten, Gefahren und Anfeindungen ganz zu schweigen, dort oben der König der Könige thront, der früher oder später über die kleinste seiner Taten genaue Rechenschaft fordern wird, und zwar umso strenger, je vorzüglicher das Reich war, das er besaß. Ich wiederhole es: Wenn ein Fürst auf alles dies und noch vieles andere sein Augenmerk richtete – und er täte es gewiss, wenn er weise wäre –, so hätte er sicher keine sorgenlose Nacht mehr und könnte keinen Bissen mehr mit Ruhe genießen. Aber durch die Gunst meiner Hilfe lassen die Fürsten bezüglich der Sorgen den lieben Gott den guten Mann sein, pflegen und mästen sich tüchtig und gehen nur mit Leuten um, die ihnen Zerstreuung bringen, damit auch nicht die geringste Wolke des Kummers ihren Geist verdunkle. Sie glauben den Pflichten eines guten Königs hinlänglich zu genügen, wenn sie unausgesetzt der Jagdfreude nachgehen, edle Pferde züchten, Ämter und Würden zu ihrem eigenen Vorteil verkaufen und täglich eine neue Art des Tributs ersinnen, durch die sie die Kraft der Bürger erschöpfen und ihren Privatsäckel füllen. Man geht hierin freilich etwas vorsichtig zu Werk und führt zahlreiche Gründe und Vorwände an, um der tatsächlich ungerechtesten Erpressung doch einen gewissen Schein von Billigkeit zu verleihen; man sagt dem Volk absichtlich Schmeicheleien, um die Herzen an sich zu fesseln.

Stellt euch jetzt einen Fürsten vor, wie man ihn nur zu gewöhnlich sieht: ein Mann, der von den Gesetzen keine Ahnung hat, der dem Gemeinwohl fast feindlich gegenübersteht und sein Denken nur auf sein persönliches Interesse richtet, der ein Sklave des Vergnügens, ein Verächter der Bildung, ein Feind der Freiheit und Wahrheit ist, dem nichts weniger am Herzen liegt als das Glück seiner Untertanen und der jegliches Ding nur auf die Befriedigung seiner Leidenschaften und auf seinen eigenen Gewinn bezieht. Hängt ihm die goldene Halskette um, ein Schmuck, der die feste Verbindung sämtlicher Tugenden anzeigt, setzt ihm die mit Edelsteinen verzierte Krone aufs Haupt, die ihn daran mahnen soll, dass er alle an Heldensinn weit übertreffen müsse, gebt ihm das Zepter in die Hand, das Sinnbild der Gerechtigkeit und eines völlig unbestechlichen Herzens, bekleidet ihn schließlich mit dem Purpurmantel, diesem Symbol der glühenden Liebe zu Staat und Bürgerschaft – und das Bild ist fertig! Wenn aber der Fürst diesen königlichen Schmuck mit seinem wirklichen Lebenswandel vergliche, scheint euch da noch zweifelhaft, dass er über seinen Aufputz Scham empfinden und fürchten würde, es möchte irgendein Spaßvogel die an sich sehr ernsten Insignien verlachen und verspotten?

Was soll ich nun von den Großen des Hofes sagen? Obwohl die meisten von ihnen die denkbar Unterwürfigsten, Verächtlichsten, Widerwärtigsten und Verworfensten sind, wollen sie trotzdem in allen Dingen als die Hauptpersonen angesehen werden. Freilich sind sie in dem einen Punkt sehr bescheiden, dass sie sich damit begnügen, Gold, Juwelen, Purpur und alle möglichen Symbole der Weisheit und Tugend auf ihrem Körper zu tragen, aber anderen die Sorge überlassen, weise und tugendhaft zu sein. Sie schätzen sich überglücklich, dass sie den König ihren »Herrn und Gebieter« nennen dürfen, dass sie ihm kurze Komplimente zu machen verstehen und mit den hoch klingenden Titeln »Ew. Majestät«, »Ew. Königliche Hoheit«, »Ew. Durchlaucht« recht verschwenderisch umzugehen wissen; auch parfümieren sie sich mit prächtigen Wohlgerüchen das Gesicht und sehen eine Ehre darin, in feiner und gefälliger Form zu schmeicheln. Denn das ist es, was einem Adligen und Hofmann ziemt. Betrachtet man ihre übrige Lebensweise näher, so erscheinen sie als wahre Phäaken, als Freier der Penelope – ihr wisst, was Homer davon erzählt; Echo wird es euch besser sagen können als ich.

Der saubere Höfling schläft bis zum Mittag und lässt sich dann von dem bereit stehenden gemieteten Kaplan noch fast im Halbschlummer eilig eine Messe lesen. Dann frühstückt man; das Diner folgt unmittelbar darauf. Nach dem Essen wird gewürfelt, gelost und manches Brettspiel gespielt; es kommen die Spaßmacher, Narren und Dirnen, und man ergötzt sich in Frohsinn und Heiterkeit. Das verläuft natürlich nicht, ohne dass ein oder zwei Mal Erfrischungen genommen werden. Dann wird zu Abend gespeist und schließlich wieder getrunken, wobei man sich, beim Jupiter, nicht mit einem Glas begnügt. So eilen, frei von jedem Lebenskummer, die Stunden, Tage, Monate, Jahre, Jahrhunderte pfeilschnell dahin. Ich selber glaube bisweilen von einem köstlichen Gelage zu kommen, wenn ich diese Leutchen gesehen habe: Sie rühmen sich so drolliger Sachen. Diese Kokette meint, sie stehe den Göttinnen schon gewaltig nahe, weil sie mit einer sehr langen Schleppe schwänzelt; jener, der einen anderen mit dem Ellbogen beiseite gestoßen, glaubt darum, dem Jupiter ähnlicher zu sein, und ein jeder wünscht sich umso mehr

Glück, je schwerer die Kette ist, die ihm am Hals baumelt, womit er nicht nur seinen Reichtum, sondern auch seine Körperkraft zur Schau tragen kann.

Das Leben der Fürsten und Großen ahmen die Päpste, Kardinäle und Bischöfe schon seit langem nach und haben ihre Vorbilder in der Tat fast übertroffen. Wenn ein Bischof einmal seine priesterliche Ausrüstung etwas genauer studierte: das schneeweiße Chorhemd aus Leinen, das einen reinen, schuldlosen Wandel bedeutet; die Mitra mit den beiden durch einen Knoten gehaltenen Spitzen, die eine gründliche Kenntnis des neuen wie des alten Testaments anzeigt; die mit Handschuhen bekleideten Hände, die an eine strenge und von jeder Berührung mit der Welt freie Ausübung der Sakramente erinnern; der Krummstab, der daran mahnt, dass man die anvertraute Herde nicht ängstlich genug bewachen könne; das vorangetragene Kreuz endlich, das ein Sinnbild für die Besiegung aller menschlichen Leidenschaften darstellt: Wenn unsere Prälaten, sage ich, sich mit all diesen Dingen und noch manchen anderen abquälen sollten, würden sie da nicht ein trauriges und bekümmertes Dasein führen? Aber sie wissen recht wohl, sich zu pflegen und das Leben angenehm zu machen. Auf die Herde wird schon Christus achten, und wozu hätte man auch die »vielgeliebten Brüder« und Vikare? Nicht einmal ihres Namens erinnern sich die Bischöfe mehr, der ihnen doch Arbeit, Sorge, Aufsicht vorschreibt; wenn es aber irgendwo Geld zu fischen gibt, dann spielen sie den Aufseher, und wahrlich »nicht achtlos sehn sie dann auf!«

Wenn in gleicher Weise die Kardinäle bedächten, dass sie doch die Stelle der Apostel vertreten und dass darum dasselbe, was jene leisteten, auch von ihnen gefordert werden müsse, dass sie ferner nicht die Herren, sondern nur die Hüter der »geistlichen Gaben« sind und bald ausführlich Rechenschaft ablegen sollen, wie sie ihres Amtes gewaltet haben, wenn sie dann vollends über ihren Ornat nur wenige Betrachtungen anstellten und etwa so zu sich sprächen: Was will dieses blendend weiße Chorhemd besagen? Nichts anderes als höchste und vollkommenste Unschuld des Lebenswandels. Was bedeutet dieses purpurne Unterkleid? Die glühendste Liebe zu Gott. Was dieser Mantel, der so groß, so geräumig ist, dass er sogar Hochwürdens Maultier vollständig umhüllt, ja, selbst ausreichte, um ein ausgewachsenes Kamel darunter zu stecken? Das ist die unendlich weit sich erstreckende, stets hilfsbereite christliche Liebe, die, bessernd und berichtigend, Belehrung, Ermahnung und Trost spendet, die den Zwist der Völker beilegt, den schlechten Fürsten widersteht und freudig Gut und Blut für die Kirche hingibt. Wozu sollten endlich Reichtümer denen nützen, die ja die Vertreter der armen Apostel auf Erden sind? – Wenn die Kardinäle dies alles erwägen wollten, sage ich, würden sie eine solche Stellung entweder gar nicht begehren oder herzlich gern aufgeben, denn sie müssten dann eben ein arbeitsreiches und sorgenvolles Leben fristen, ganz wie jene alten Apostel.

Nun folgen die höchsten Priester, die Päpste, die Statthalter Christi: Wenn sie sich aber befleißigen sollten, im Leben ihm ähnlich zu werden, wenn sie seine

Armut dulden, seine Mühen tragen, seine Lehre studieren, sein Kreuz auf sich nehmen, seine Verachtung alles Weltlichen teilen sollten, ja, wenn sie auch nur einmal über den Namen »Papst«, das heißt »Vater«, und über das Beiwort »Allerheiligster«, womit man sie anredet, nachdächten, wer wäre dann auf der Welt mehr zu beklagen als sie? Wer möchte mit seinem gesamten Gut diese Stellung erkaufen? Wer ihren Besitz durch Waffen, Gift und alle erdenkliche Gewalt verteidigen? Wie viele Schätze würden die heiligen Väter einbüßen, wenn die Weisheit sich nur einmal ihres Geistes bemächtigte! Die Weisheit, sage ich? – Ja, wenn sie nur ein einziges Körnchen von dem Salz besäßen, dessen der Heiland gedenkt. Jene ungeheuren Reichtümer, jene göttlichen Ehren, jene herrlichen Siege, die Verteilung so vieler Ämter und Würden, so zahlreiche Dispense, so mannigfache Steuern, so viele Ablässe, eine so große Schar von Pferden, Mauleseln, Bedienten, so manche anderen Genüsse und Vergnügungen – ihr seht, da habe ich mit wenigen Worten eine reiche Ernte, einen ganzen Markt, einen förmlichen Ozean von Schätzen vor euch aufgetan. An die Stelle aller dieser Güter werden schlaflose Nächte treten, Fasttage Tränen, Gebete, Predigten, Andachtsübungen, Seufzer und tausend derartige Mühseligkeiten. Auch ist nicht außer Acht zu lassen, dass dann unzählige Schreiber, Kopisten, Notare, Advokaten, Syndizi, Sekretäre, Stallmeister, Reitknechte, Wucherer, Kuppler – fast hätte ich noch ein zarteres Wort hinzugefügt, doch das könnte die keuschen Ohren beleidigen –, kurz, dass eine so ungeheure Menge von Leuten, die dem heiligen Römischen Stuhl zur Last fallen – ich versprach mich, ich meinte: zur Zierde gereichen, vor die Pforte des Hungertodes gestellt würden. Das wäre doch eine unmenschliche und schändliche Tat, aber noch bei weitem abscheulicher wäre es, wenn man den obersten Fürsten der Kirche, jenen wahren Leuchten der Welt, wieder den Bettelsack umhängen und den Bettelstab in die Hand geben wollte. So aber überlassen sie in der Regel jedwede schwierige Arbeit dem Paulus und Petrus, die ja Zeit und Muße genug dafür haben, bietet sich aber irgendein glänzendes Vergnügen, dann behalten sie es wohlweislich für sich.

Auf diese Weise verstehe ich es zu bewirken, dass niemand so sehr in Weichlichkeit und Sorglosigkeit sein Leben hinbringt wie die Päpste, die sich mit Christo reichlich abzufinden meinen, wenn sie die Rolle eines Seelsorgers in wunderbarem, fast theatralischem Aufzug und unter großem Gepränge spielen, wobei es mit den Titeln »Gottbegnadigter«, »Hochwürdigster«, »Allerheiligster« und mit Segen und Fluch fürwahr nicht sparsam hergehen darf. Es ist gänzlich veraltet und gar nicht mehr an der Zeit, Wunder zu tun; die Belehrung des Volkes ist zu ermüdend, die Erläuterung der heiligen Schrift hält man für Schulfuchserei, zum Gebet müsste man ja Zeit übrig haben, weinen ist jämmerlich und weibisch, Armut gilt als gemein, sich erweichen lassen wäre schimpflich und wenig würdig eines Mannes, der kaum den mächtigsten Königen gestattet, seinen heiligen Fuß zu küssen, sterben endlich ist das Abgeschmackteste auf der Welt, und gar ans Kreuz geschlagen werden, zählt als Schande. Es bleiben ihnen als Waffen nur jene »süßen Worte« übrig, von denen Paulus spricht – und ich versichre euch, sie geizen nicht damit –, ferner das Interdikt, die Amtsenthebung, die Drohung mit dem Bann, die verschärfte Androhung des Bannes, die Verketzerungen, die Schreckbilder und schließlich jener fürchterliche Blitzstrahl, kraft dessen sie durch einen einzigen Wink die Seelen der Sterblichen mit so reißendem Schwung in den Tartarus schleudern, dass sie sogar manchmal auf der anderen Seite wieder hinausfliegen. Unsere heiligen Väter in Christo, die Stellvertreter Jesu, machen von dieser Strafe den schärfsten Gebrauch gegen die, welche auf Anstiften des Satans das Erbe Petri zu verkleinern und zu schmälern suchen. Zwar steht von diesem Apostel der Ausspruch im Evangelium: »Siehe, wir haben alles verlassen und sind dir nachgefolgt«, dennoch aber sehen sie Ländereien, Städte, Abgaben, Zölle und Güter als das Erbe dieses Heiligen an. Wenn sie, von glühendem Eifer für den Heiland beseelt, mit Feuer und Schwert zur Wahrung dieses reichen Besitzes kämpfen und Ströme christlichen Blutes vergießen, dann erst, nach mutigem Streit mit den Feinden, wie sie es nennen, glauben sie in echt apostolischem Sinne die Kirche, jene Braut Christi, zu schützen. Gibt es aber wohl verderblichere Feinde für die Kirche als die gottlosen Päpste, die den Heiland verkümmern lassen, indem sie sein Wort nicht mehr predigen, die ihn durch ihre wucherischen Gesetze in Ketten legen, die durch gezwungene Erklärungen seine Lehre verändern, die ihn endlich durch ihr verpestendes Beispiel zugrunde richten! Obwohl die christliche Kirche im Blut entstanden ist, durch Blut Kraft, durch Blut Gedeihen gewonnen hat, so führen die Päpste die Sache Christi mit dem Schwert, als wäre der Heiland zum

Schutz und zur Verteidigung der Seinen nicht mehr da. Der Krieg ist freilich etwas so Grausames, dass er sich eher für wilde Tiere als für Menschen ziemt, etwas so Entsetzliches, dass die Dichter sagen, er gehe von den Furien der Hölle aus, etwas so Ansteckendes, dass er eine allgemeine Verderbnis der Sitten nach sich zieht, etwas so Ungerechtes, dass die schlimmsten Räuber ihn am besten zu führen pflegen, etwas so Gottloses, dass er zu Christus nicht die geringste Beziehung hat, trotzdem aber lassen einige von den höchsten Priestern alles andere außer Acht und widmen sich einzig und allein dem Krieg. Unter diesen sieht man oft sogar abgelebte Greise, die mit erneuter Jünglingsfrische handeln, weder Geld noch Anstrengungen scheuen und sich kein Gewissen daraus machen, Gesetze, Religion, Frieden und alle menschlichen Verhältnisse über den Haufen zu werfen. Auch fehlen ihnen dann gelehrte Schmeichler nicht, die diese sonnenklare Raserei Eifer, Frömmigkeit, Tapferkeit nennen und Gründe für den Nachweis finden, dass es kein Verstoß gegen die nach Christi Lehre höchste und heiligste Pflicht jedes Gläubigen, gegen die Nächstenliebe sei, wenn man das Schwert zieht und es seinem Mitmenschen ins Herz stößt.

Ich habe noch nicht in Erfahrung bringen können, ob sich bezüglich des Krieges die Päpste nach dem Vorbild einiger deutscher Bischöfe richten oder ob diese Bischöfe nach dem Beispiel der Päpste handeln; jedenfalls gehen sie noch weit offener zu Werk. Ohne sich um den Gottesdienst, den Segen oder die anderen Pflichten ihres Amtes zu kümmern, atmen sie nur Krieg und immer Krieg, sodass es fast für feige und der bischöflichen Ehre nicht entsprechend gilt, anderswo als in der Schlacht den Heldengeist zum Ruhm Gottes aufzugeben. Die Menge der untergeordneten Priester sieht es natürlich als Unrecht an, hinter der Frömmigkeit der Prälaten zurückzubleiben, und wie kriegerisch kämpft diese Schar darum mit Schwertern, Wurfspießen, Steinen und allen erdenklichen Waffen, wenn es das Recht des Zehnten gilt! Wie scharfäugig spähen sie umher, ob sich nicht in den Schriften einige Stellen finden lassen, durch die sie ihrem Völkchen Angst einjagen und beweisen können, dass man ihnen noch weit mehr als den Zehnten schulde! Doch nur einmal daran zu denken, was überall von ihren Verpflichtungen gegen das Volk geschrieben steht, das kommt ihnen nie in den Sinn. Sie sollten wenigstens die Bedeutung der Tonsur nicht vergessen: dass Priester von den Begierden dieser Welt frei sein und nur himmlischen Dingen leben sollen. Aber als leichtfertige Menschen glauben sie ihre Schuldigkeit völlig getan zu haben, wenn sie mit dem Herbrummeln ihrer Sprüchlein zu Ende sind, wovon wahrhaftig kein Gott etwas hören noch verstehen kann, hören und verstehen sie ihr Gemurmel doch selber kaum. Darin jedoch gleichen die Priester den Laien, dass sie, wenn es Geld einzuheimsen gibt, sämtlich auf Posten sind und die Vorschriften hierüber aufs Genaueste kennen. Im Übrigen wälzen sie alle schwierigen Geschäfte klug auf fremde Schultern; die einen werfen sie stets den anderen zu wie einen Ball, und wie die Laienfürsten die einzelnen Teile ihrer Regierung den Ministern und diese wiederum ihren Unterbeamten zur Verwaltung übertragen, so gönnen auch die Priester aus reiner Bescheidenheit dem Volk die Ausübung der Andacht und Frömmigkeit. Das Volk entledigt sich dieser beschwerlichen Pflicht an die so genannten »Kirchendiener«, als hätte es selber nichts mit der Kirche zu tun und als sei der Taufbund nur leeres Geschwätz gewesen. Diese Priester wiederum, die sich »weltliche« nennen, wohl weil sie der Welt und nicht Christo zu eigen sein wollen, überlassen den Ordensgeistlichen die Last der Frömmigkeit, die Ordensgeistlichen den Mönchen, die weniger eifrigen Mönche den strengen, und schließlich behaupten alle einstimmig, das Werk der Andacht gehöre nur den Bettelmönchen, diese aber werfen den Spielball den Kartäusern zu, bei denen dann die Frömmigkeit begraben bleibt, so tief begraben, dass sie kaum je zum Vorschein kommt. Ebenso laden die Päpste, die unermüdlich tätig sind, Geld einzusammeln, alles, was ihr Amt an apostolischer Mühsal und Beschwerlichkeit bringt, auf die Bischöfe, die Bischöfe auf die Pfarrer, die Pfarrer auf die Vikare, die Vikare auf die Bettelmönche und diese schließlich auf die geistlichen Hirten, die sich recht wohl darauf verstehen, die Schafe zu scheren.

Allein es gehört ja gar nicht zu meinem Thema, das Leben der Prälaten und Priester einer Prüfung zu unterziehen; sonst könnte es leicht den Anschein gewinnen, als wollte ich eine Satire schreiben und keine Lobrede halten, und als sei es meine Absicht, die guten Fürsten zu tadeln, indem ich die schlechten lobe. Ich habe diesen Gegenstand mit wenigen Worten nur berührt, um klar darzulegen, dass kein Mensch glücklich zu leben vermag, wenn er nicht in meine heiligen Geheimnisse eingeweiht und meiner Gunst teilhaftig ist.

Wie dies zustande kommt, ist kaum noch wunderbar, da selbst die rhamnusische Göttin, die Beglückerin des Menschengeschlechts, so innig mit mir übereinstimmt, dass sie stets eine Todfeindin aller Weisen war, den Toren dagegen sogar im Schlaf die größten Schätze spendete. Ihr kennt sicherlich jenen Timotheus, der von seinem Glück einen Beinamen erhielt und auf den man das Sprichwort anwendete: »Der Fischer schläft ja, wenn er fängt.« Auch kennt ihr ein anderes Wort, das man von Toren sagt: »Die Eule fliegt ihm zu.« Von den Weisen dagegen heißt es: »Er ist im vierten Mondviertel geboren« oder: »Er besitzt das Pferd des Sejus« oder: »Sein Gold ist aus Tolosa«. Doch genug mit den Sprichwörtern; man möchte sonst glauben, ich hätte die Sammlung meines Erasmus ausgeplündert. Darum zurück zur Sache. Das Glück liebt eben die Unbesonnenen, Tollkühnen, die das entschlossene Wort »Der Würfel ist gefallen!« gern im Mund führen. Die Weisheit aber kann nur furchtsam und zaghaft machen; darum seht ihr auch, dass die Weisen sich stets mit Armut, Hunger und Wust herumplagen, dass sie verachtet, ruhmlos und angefeindet leben. Die Toren hingegen haben Überfluss an Geld, sitzen am Steuer des Staates, kurz, blühen und gedeihen in allem. Denn wenn jemand sein Glück darin sucht, »dass er gefalle den Fürsten und Herrn« und mit diesen von Gold und Edelsteinen strotzenden Götterbildern verkehre, für den ist in der Tat nichts unnützer als Weisheit, da in Palästen nichts tiefer verabscheut wird. Wenn sich ein Kaufmann Reichtümer zu erwerben gedenkt, wird er wohl große Geschäfte machen können, wenn er nach den Vorschriften der Weisheit sich vor einem Meineid scheut, wenn er, auf der Lüge ertappt, errötet, wenn er alle jene ängstlichen Bedenken der Philosophen über Diebstahl und Wucher auch nur im Geringsten achtet? Ferner werden in dem Streben nach Ehrenstellen und Schätzen der Kirche Esel und Ochsen noch eher ans Ziel kommen als die Weisen. Seid ihr Freunde der Wollust? Nun, die Mädchen, die doch die Hauptrolle in dieser Komödie spielen, sind den Toren von ganzem Herzen zugetan und schaudern und fliehen vor den Weisen wie vor Skorpionen. Mit einem Wort, wer die wahren Freuden des Lebens kosten will, muss zunächst jeden Verkehr mit Weisen abbrechen und sich eher mit jedwedem anderen Geschöpf einlassen. Kurz, wohin ihr die Augen wendet: Päpste, Fürsten, Richter, Beamte, Freund und Feind, Groß und Klein, »nach Golde drängt, am Golde hängt doch alles!« Der Weise verachtet es – was Wunder, dass jeder emsig bemüht ist, seinen Umgang zu meiden?

Zwar bietet mein Lob mir unerschöpflichen Stoff zum Reden, allein mein Vortrag muss doch irgendwann mal ein Ende haben. So will ich denn bald aufhören, aber vorher noch erst ganz kurz beweisen, dass es viele bedeutende Autoren gibt, die mich durch Schrift und Tat verherrlicht haben; man könnte ja auch sonst vielleicht denken, ich allein hätte nur ein törichtes Gefallen an mir, und die Herren Rechtsgelehrten möchten mir vorwerfen wollen, dass ich gar keine Zitate anführe. Halten wir uns darum an ihr eigenes Vorbild und zitieren wir, wie sie, lustig in den Tag hinein. Zunächst wird doch niemand das bekannte Sprichwort in Zweifel ziehen: »Wo die Sache fehlt, ist der Schein das Beste.« Deshalb bringt man mit Recht schon den Kindern den Vers bei: »Torheit heucheln zu richtiger Zeit, ist die Krone der Weisheit.« Urteilt selber, ein wie hervorragendes Gut die Torheit sein muss, wenn schon ihr trügerischer Schatten, ihre bloße Nachahmung sich so hohes Lob von den Gelehrten verdient hat. Aber noch viel deutlicher fordert jenes fette, glänzende Schweinchen des Epikur dazu auf, »die Torheit mit der Weisheit zu verbinden«; freilich fügt er nicht gerade sehr verständig hinzu, dass die Torheit nur von kurzer Dauer sein dürfe. Derselbe Dichter sagt ferner: »Süß ist's, zu toben am rechten Ort.« Und an einer anderen Stelle will er lieber »wahnwitzig erscheinen und sinnlos als verständig in ewiger Sorge«. Homer, der seinen Telemach überall aufs höchste lobt, unterlässt doch nicht, ihn öfter »einfältig« zu nennen, und die Tragiker geben Knaben und jungen Leuten gern dasselbe Beiwort, wie wenn es von glücklicher Vorbedeutung wäre. Was enthält die gepriesene Ilias anders als »Taten rasender Wut von törichten Herrschern und Völkern?« Wie kurz und bündig ist ferner jener Lobspruch Ciceros: »Alles ist voller Torheit!« Und wer wüsste nicht, dass ein Gut umso vorzüglicher ist, je weitere Verbreitung es gefunden?

Vielleicht mag aber die Autorität dieser Schriftsteller bei den Christen nur wenig gelten. Darum will ich, wenn es genehm ist, auch auf das Zeugnis der heiligen Schrift mein Lob stützen oder, um mich streng gelehrt auszudrücken, »gründen«. Doch vorerst möchte ich die Theologen untertänigst um Erlaubnis gebeten haben und dann wäre mir auch bei einem so schwierigen Beginnen fremder Beistand sehr erwünscht. Da es jedoch unrecht sein dürfte, noch ein zweites Mal die Musen von dem so weit gelegenen Helikon herzurufen, wäre es, zumal der Stoff, den ich behandeln will, gar nicht in Apollos Fach schlägt, vielleicht entsprechender, dass, während ich hier die Gottesgelehrte spiele und auf so dornenvollem Pfad einherschreite, der Geist des Skotus für eine kurze Weile aus seiner Behausung in der Sorbonne in meine Seele überginge, jener Geist, der spitzer ist als jedes Stachelschwein und jeder Igel; danach mag er sich wieder fortscheren, meinetwegen zum Teufel. Könnte ich doch auch meine Gesichtszüge ändern und den priesterlichen Ornat anlegen! Eins fürchte ich jedoch: Man wird mich, wenn ich hier so viel theologische Weisheit auskrame, des Diebstahls beschuldigen und glauben, ich hätte die Schränke unserer großen Meister, *Magistorum nostorum*, heimlich geplündert. Doch eigentlich ist es, wie mir scheint, gar nicht wunderbar, wenn ich bei der innigen Freundschaft, die schon seit langem zwischen den Theologen und mir besteht, etwas von ihrer Gelehrsamkeit erwischt habe, hat doch selbst die göttliche Vogelscheuche Priapus, als der Hausherr im Garten las, einige griechische Brocken aufgeschnappt und behalten. Und der bekannte Hahn bei Lukian hat vollends durch den langen Verkehr mit den Menschen die menschliche Sprache ganz geläufig benutzen gelernt. So lasst uns denn unter frohen Auspizien beginnen.

Der Prediger Salomo sagt im ersten Kapitel: »Unzählig ist die Menge der Torheiten.« Meint er mit diesem »unzählig« nicht die Gesamtheit der Menschen?

Vielleicht sind einige wenige ausgenommen, doch zweifle ich stark, dass es je geglückt ist, sie zu sehen. Jeremias aber gesteht dies im zehnten Kapitel noch unumwundener ein: »Alle Menschen sind Narren mit ihrer Kunst.« Gott allein teilt er die Weisheit zu und lässt den Menschen die Torheit zu eigen. Ein wenig früher sagt er: »Ein Weiser rühme sich nicht seiner Weisheit.« Warum willst du nicht, teurer Jeremias, dass sich ein Sterblicher seiner Weisheit rühme? Nun, weil er keine Weisheit besitzt, wird die Antwort lauten. Doch kehren wir zum Prediger Salomo zurück. Wenn er ernst und feierlich ausruft »Es ist alles ganz eitel, es ist alles ganz eitel!«, was glaubt ihr, dass er mit diesen Worten anders sagen wolle, als dass, wie ich es euch gelehrt, das ganze menschliche Leben nur ein Spiel der Torheit sei? Ist dieser Ausspruch nicht eine unzweideutige Ergänzung zu jenem eben angeführten Lob Ciceros, das mit Recht in hohen Ehren steht: »Alles ist voller Torheit?« Derselbe weise Prediger sagt ferner: »Da sah ich, dass die Weisheit die Torheit übertraf wie das Licht die Finsternis«, und was meint er damit, wenn nicht, dass das gesamte Menschengeschlecht töricht sei und dass Gott allein der Name eines Weisen gebühre? Man versteht ja unter der Finsternis die menschliche Natur und unter dem Licht Gott, den Urquell alles Lebens. Dies bestätigt Christus selbst im Evangelium, indem er das Beiwort »gut« niemandem außer Gott zuerkennt. Wenn nun, nach der Lehre der Stoiker, jeder, der nicht weise ist, töricht heißt und weise jeder, der gut ist, so müssen notwendig alle Sterblichen unter der Herrschaft der Torheit stehen.

Weiter spricht Salomo im fünfzehnten Kapitel: »Dem Toren ist die Torheit eine Freude«, wodurch er doch offen bekennt, dass es ohne Torheit nichts Angenehmes in diesem Leben gibt. Ebendahin zielt auch die folgende Stelle: »Wo viel Weisheit ist, da ist viel Grämens, und wer viel lernen muss, der muss viel leiden.« Und wiederholt der ausgezeichnete Prediger nicht deutlich und klar denselben Gedanken im siebenten Kapitel: »Das Herz der Weisen ist im Klaghaus und das Herz der Narren im Haus der Freuden!« Doch nicht zufrieden, die Weisheit gründlich studiert zu haben, wünschte er auch mit meiner Person Bekanntschaft zu machen. Wenn ihr mir das nicht glaubt, so hört seine eigenen Worte, wie sie im ersten Kapitel stehen: »Und ich gab auch mein Herz darauf, dass ich lernte Weisheit und Klugheit, Irrtum und Torheit.« Bei diesem Zitat müsst ihr recht wohl bemerken, dass man mich nur zuletzt nennt, um mir die gebührende Ehre zu erweisen, denn der Verfasser ist der Prediger Salomo, und ihr wisst, dass nach der Ordnung und dem Gebrauch der Kirche das Wertvollste stets den letzten Platz einnimmt; so hat Salomo bei jenem Satz nur der Vorschrift des Evangeliums gedacht.

Dass aber die Torheit weit vorzüglicher ist als die Weisheit, das wird im zwanzigsten Kapitel des Buches Jesus Sirach unzweideutig ausgesprochen; doch ich will die Worte fürwahr nicht eher anführen, als bis ihr mir auf eine Einleitung, die ich machen muss, eine entsprechende Antwort gegeben habt, wie es bei Platon diejenigen zu tun pflegen, die mit Sokrates disputieren. »Welche Art von Gegenständen soll man eher sorgfältig hinter Schloss und Riegel verbergen, die seltenen und kostbaren oder die wertlosen und verächtlichen?« Warum schweigt ihr? Wenn ihr nicht antwortet, soll doch jenes Sprichwort der Griechen statt eurer reden: »Den irdnen Krug lass vor der Türe stehn.« Und damit keiner vorschnell diesen Satz verwerfe, so lasst euch gesagt sein, dass Aristoteles, der Gott unserer »Meister«, ihn anführt. Wäre wohl einer von euch töricht genug, Edelsteine und Gold auf offener Straße liegen zu lassen? Ich glaube, gewiss nicht. Ihr alle werdet eure Schätze im abgelegensten Zimmer oder im geheimsten Winkel eures sicheren Geldschranks verwahren und den Augen der Menge nur gleichgültige Dinge zeigen. Wenn demnach Kostbares verborgen, Wertloses dem Zufall überlassen wird, ist es da nicht offensichtlich, dass die Weisheit, die Jesus Sirach zu verbergen untersagt, weniger wert sei als die Torheit, die er zu verstecken vorschreibt? Und nun hört die genauen Worte des Textes: »Es ist besser, dass sich der Unweise verkrieche als der Weise.«

Ja, auch bescheidene Zurückhaltung teilt die heilige Schrift dem Toren zu, während sie den Weisen sich stets besser als alle anderen dünken lässt. Denn so verstehe ich die Stelle im zehnten Kapitel des Predigers Salomo: »Auch wenn der Narr selbst närrisch ist in seinem Tun, hält er doch jedermann für Narren.« Oder ist es etwa nicht ein Zeichen seltener Anspruchslosigkeit, wenn man alle Menschen sich selber gleich achtet und trotz der hohen Meinung, die zweifellos ein jeder von sich hegt dennoch seinen Ruhm mit der Gesamtheit teilen will? Darum schämte sich auch Salomo keineswegs dieses Beinamens, denn im dreißigsten Kapitel sagt er: »Ich bin der Allernärrischste.« Auch Paulus, jener große Lehrer der Heiden, hat in einem Brief an die Korinther den Namen eines Toren nicht verschmäht. »Ich rede töricht«, schreibt er, »ich mehr als sie«, als hielte er es für eine Schande, in der Torheit übertroffen zu werden. Aber jetzt ertönt ein höllisches Zetergeschrei gewisser Kenner des Griechischen, die unsere ganze scharfsichtige Theologenzunft blind machen wollen, indem sie alle anderen mit ihren Erläuterungen wie mit Rauchwolken umnebeln; mein Erasmus, den ich öfter Ehren halber nenne, ist, wenn auch nicht das Alpha, so doch sicher das Beta dieser Herde. »O du vollendete Torheit«, sagen sie zu mir, »das ist doch fürwahr ein Zitat, das deinem Namen Ehre macht! Der Gedanke des Apostels ist nichts weniger, als was du daraus zurechtgeklügelt hast. Denn er bezweckt durch seine Worte keineswegs, für törichter als die Übrigen zu gelten, sondern, nachdem er vorher gesagt hat: ›Sie sind Diener Christi, ich auch‹, und sich dadurch den anderen Aposteln selbstbewusst an die Seite stellte, fühlt er wohl, dass er ihnen im Dienst des Evangeliums nicht nur gleich, sondern sogar weit überlegen sei, und fügt deshalb berichtigend hinzu: ›Ich mehr als sie.‹ Da er nun diesem Wort den Schein der Wahrheit geben, aber trotzdem vermeiden wollte, dass der immerhin anmaßende Ausspruch Missfallen hervorrufe, versteckte er sich hinter den Vorwand der Torheit: ›Ich rede weniger weise‹, weil ihm jenes Vorrecht der Toren, ohne Kränkung die Wahrheit zu sagen, sehr wohl bekannt war.«

Ich überlasse es den rechthaberischen Zankgeistern, über den Sinn, den Paulus dieser Stelle unterlegte, zu disputieren: Ich folge den großen, dicken, fetten und überall hochberühmten Theologen, mit denen die meisten Gelehrten wahrhaftig lieber in Irrtum verfallen als mit jenen dreizüngigen Doktoren das Richtige erkennen möchten; denn wer sich überschätzt, von dem glaubt man, dass er schwätzt. Zudem hab ich einen Theologen für mich, von dessen Ruhm der Mund der Welt, vor allem aber sein eigener, nicht genug zu sagen weiß; ich will seinen Namen weislich verschweigen, sonst möchten unsere Griechenschwätzer ihn beständig mit dem Sprichwort vom Esel und der Lyra necken. Dieser Gelehrte erläutert jene Stelle in lehrhaftem Ton und mit theologischem Scharfsinn; er lässt bei den Worten »Ich rede weniger weise, ich mehr als sie« ein neues Kapitel beginnen und bietet kraft seiner großartigen Dialektik in der Interpretation eine völlig originelle Auffassung des Ganzen. Ich führe euch seine eigenen Worte nach Form und Inhalt an: »Ich rede weniger weise, das heißt, wenn ich euch schon töricht erscheine, indem ich mich den falschen Aposteln vergleiche, werdet ihr mich für noch viel weniger weise halten, wenn ich mich gar über sie stelle.« Kurz darauf aber wendet sich der Doktor, als ob er fasele, zu einem ganz anderen Thema.

Allein warum stütze ich mich ängstlich auf das Beispiel eines einzigen? Haben sich doch unsere gelehrten Bibelausleger das unbestreitbare Recht erworben, den Himmel, das heißt die heilige Schrift, wie ein Fell strecken und dehnen zu dürfen. Wenn man dem Hieronymus, der fünf Sprachen verstand, Glauben schenken darf, geraten auch beim göttlichen Paulus die Worte der heiligen Schrift manchmal in Widerstreit, die sich an der Stelle im Original recht wohl vertragen. Als er in

Athen zufällig eine Inschrift auf einem Altar gesehen hatte, drehte und wendete er sie zu Nutz und Frommen der christliche Religion hin und her und nahm schließlich, indem er alles andere was zu seinem Zweck nicht passte, fortließ, nur die letzten Worte heraus: »Dem unbekannten Gott« und berichtete auch diese noch nicht einmal genau, denn der eigentliche Text der Inschrift lautete: »Den Göttern Asiens, Europas und Afrikas, den unbekannten und fremden Göttern«. Nach diesem berühmten Muster, glaube ich, ist heutzutage nichts gewöhnlicher, als dass unsere Theologen vier oder fünf abgerissene und nötigenfalls veränderte Wörtlein ihren Absichten gemäß modeln, mag auch das, was der misshandelten Stelle vorhergeht und folgt, gar nichts mit der Sache zu tun haben oder ihr gar widersprechen. Und dieses Geschäft betreiben sie mit einer so glücklichen Unverschämtheit, dass sie sogar oft den Neid der Rechtsgelehrten erregen. Wie sollte ihnen auch nicht jedwede List gelingen, nachdem jener große Theologe – beinahe wäre mir jetzt sein Name entschlüpft, aber ich fürchte mich wieder vor dem Sprichwort von der Lyra und dem Esel – für eine Stelle im Lukas-Evangelium eine Erklärung gegeben, die sich mit dem Geist Christi etwa wie das Feuer mit dem Wasser verträgt! In einer Zeit der äußersten Gefahr, wo die braven Klienten ihren Schutzherrn treulich beizustehen und sie nach Kräften zu unterstützen pflegen, richtete der Heiland in der Absicht, seinen Jüngern jedes Vertrauen auf menschliche Hilfe zu nehmen, folgende Frage an dieselben: »So oft ich euch gesandt habe, habt ihr je Mangel gehabt?« Sie besaßen aber weder Reisegeld noch Schuhe, sich gegen Dornen und Kieselsteine zu schützen, noch eine Tasche mit Vorrat gegen den Hunger. Nachdem die Apostel geantwortet hatten, dass sie überall das Notwendige gefunden, sagte der Heiland: »Aber nun, wer einen Beutel hat, der nehme ihn, desgleichen auch die Tasche. Wer aber nicht hat, verkaufe sein Kleid und kaufe ein Schwert.«

Da die gesamte Lehre Christi auf nichts anderem beruht als auf Sanftmut, Geduld und Verachtung des Irdischen, so liegt doch klar vor Augen, was hier gemeint ist. Christus wollte seine Stellvertreter wahrhaft in seinem Sinne ausrüsten und forderte darum, dass sie nicht nur Schuhe und Tasche entbehrten, sondern auch ihr Kleid ablegten, um vollkommen nackt und bloß ihr Apostelamt anzutreten. Sie sollten nichts bei sich führen als ein Schwert, aber nicht jenes unheilvolle, das dem Raub und Mord dient, sondern das Schwert des Geistes, das bis in den innersten Grund der Seele dringt und mit einem Schlag alle Leidenschaften tötet, damit von nun an nur noch Frömmigkeit im Herzen thront. Nun seht aber, ich bitte euch, wie unser berühmter Theologe diese Stelle verdreht hat. Unter dem Schwert versteht er das Recht, sich gegen Verfolgungen zu verteidigen, unter dem Beutel einen hinreichenden Vorrat an Lebensmitteln, als hätte der Heiland plötzlich seine Meinung ins Gegenteil verkehrt und seinen ersten Befehl widerrufen, nachdem er eingesehen, dass für den Glanz und die Würde seiner Glaubensboten doch nicht genug gesorgt sei, oder als hätte er ganz und gar vergessen, wie er seinen Jüngern ausdrücklich erklärte, sie würden nur selig werden, wenn sie geduldig Schmach, Beleidigungen und Strafen ertrügen, indem er ihnen jeden Widerstand gegen ihre Angreifer untersagte, weil das wahre Glück nur den Sanftmütigen, nicht aber den Hochmutigen zuteil werde, und wie er sie an das Beispiel der Sperlinge und Lilien mahnte: Das alles hat der Heiland vergessen und will sie nun nicht ohne Schwert ziehen lassen, ja, befiehlt ihnen sogar, ihr Kleid hinzugeben, um eines zu kaufen, und eher ohne Gewänder als ohne Waffen zu gehen! Wie unser Erklärer unter den Begriff des Schwertes alles zusammenfasst, was zur Erwiderung der Gewalt dient, so versteht er unter dem Beutel alles, was sich auf die Bequemlichkeiten des Lebens bezieht. Hiernach lässt denn dieser Dolmetscher des göttlichen Wortes die Apostel mit Lanzen, »mit dem Pfeil, dem Bogen«, mit Schleudern, mit Bomben und Kanonen ausgerüstet abmarschieren, um die Lehren des Gekreuzigten zu predigen; auch ein Tornister und ein Bündel hängt er ihnen um, damit sie nur ja nicht, ohne gefrühstückt zu haben, von einem Rastort fortzugehen brauchen. Darum aber schert sich der scharfsinnige Deuter nicht, dass Christus bald darauf seinen Dienern mit tadelnden Worten befiehlt, das Schwert, das sie sich doch um so hohen Preis hatten anschaffen müssen, wieder in die Scheide zu stecken, und dass wir nie etwas von Widerstand mit Schwert und Schild gegen die Gewalt der Heiden erfahren, wozu die Apostel doch verpflichtet gewesen wären, wenn Christus seinen Befehl im Sinne unseres Theologen gemeint hätte.

Ich kenne noch einen anderen Doktor, dessen Namen ich Ehren halber verschweige, denn er gehört nicht zu dem wissenschaftlichen Lumpengesindel. Dieser hat in den Zelten, von denen Habakuk spricht – »ich sah der Midianiter Felle betrübt« –, die gegerbte Haut des geschundenen Bartholomäus gesehen!

Neulich hörte ich auch eine theologische Disputation, wobei ich überhaupt selten fehle. Es hatte jemand die Frage aufgeworfen, wie es aus der heiligen Schrift zu beweisen sei, dass man gegen die Ketzer eher mit Feuer und Schwert als mit Vernunft und Überredung vorgehen müsse. Da antwortete ein ernster Greis, an dessen finsterer und anmaßender Miene man hinlänglich den Theologen erkannte, in aufgebrachtem Ton: der Apostel Paulus habe dieses weise Gesetz gegeben in den Worten: »Einen ketzerischen Menschen ermahne einmal und abermals, dann – aus dem Weg!« Diesen Satz wiederholte er mehrere Male mit lauter Stimme, und als die meisten sich schon wunderten, was dem Mann eigentlich fehle, gab er schließlich folgende Lösung: »Nun, dann aus dem Weg – mit ihm!« Einige lachten zwar, aber es fehlte auch an solchen nicht, die diese neue Auslegung eines Theologen wahrhaft würdig fanden. Da manche immer noch Einspruch erhoben, machte der schneidige Redner kurzen Prozess und brachte den entscheidenden Beweis vor. »Höret«, sprach er, »es steht geschrieben: dass du den Bösen von dir tust! – Jeder Ketzer ist ein Böser, *ergo* u.s.w.« Jetzt bewunderte jeder den Geist des Doktors, und weithin schallte der Beifall, mit dem sie sämtlich seiner Ansicht »beitraten«. Niemand aber ahnte, dass dieses Gesetz einzig und allein auf die Zeichendeuter, Zauberer und Wahrsager – die hebräischen Mechasephim – Bezug nimmt; ebenso gut müsste man dann auch Hurerei und Trunksucht mit dem Tod bestrafen.

Doch ich bin wirklich töricht, die Zeit mit solchen Späßen hinzubringen, deren Zahl ja so groß ist, dass alle zusammen nicht einmal in den dickleibigen Bänden eines Chrysippus und Didymus Platz hätten. Nur um eins möchte ich euch bitten: Wenn es jenen göttlichen Meistern gestattet war, so grobe Verstöße zu machen, auch mir, die ich nur eine Stümperin in der Gottesgelehrtheit bin, einige Ungenauigkeiten in meinen Zitaten billig verzeihen zu wollen.

Ich komme endlich wieder auf Paulus zurück. »Ihr vertraget gerne die Narren«, sagt er, indem er von sich selbst spricht. Und ferner: »Nehmt mich an als einen Törichten; was ich jetzt rede, das rede ich nicht als im Herrn, sondern als in der Torheit.« An einer anderen Stelle: »Wir sind Narren um Christi willen.« Ein so bedeutender Gewährsmann hat so viel Lob für die Torheit! Ja, er ordnet sogar die Torheit als ein unentbehrliches und der Bürgerschaft Heil bringendes Gut öffentlich an: »Wer von euch sich weise dünkt, der werde ein Narr in dieser Welt, dass er möge weise sein.« Im Lukas-Evangelium bezeichnet Christus die beiden Jünger, zu denen er sich auf dem Weg gesellte, als »Toren«. Das aber will mir fast wunderbar erscheinen, dass der heilige Paulus selbst Gott etwas von der Torheit zuteilt. »Die göttliche Torheit«, sagt er, »ist weiser, als die Menschen sind.« Freilich darf man nach der Auslegung des Origenes den Begriff einer göttlichen Torheit nicht im gewöhnlichen Wortverstand auffassen, denn »nur denen ist das Wort vom Kreuz eine Torheit, die verloren werden.«

Doch was bemühe ich mich ängstlich, dies durch so viele Beweise zu beeinträchtigen, während doch Christus selber in den Psalmen seinem Vater offen eingesteht: »Gott, du weißt meine Torheit!« Und ich glaube, es hat eine gute Ursache, dass die Törichten die vorzüglichen Günstlinge Gottes sind, denn wie die Fürsten der Erde allzu vernünftige Leute mit Misstrauen und Hass ansehen – ich erinnere an Cäsar, der Brutus und Cassius nicht leiden mochte, aber von dem Wüstling Antonius nichts befürchtete, ich erinnere an Nero und Seneca, an Dionys und Platon –, dagegen Menschen von einfältigem, grobem Verstand gern um sich haben, ebenso verdammt und verabscheut Christus jene Weisen, die ihren Halt und ihre Stütze stets nur in ihrer Klugheit erblicken. Dies bezeugt Paulus ganz unzweideutig, wenn er sagt: »Was töricht ist vor der Welt, das hat Gott erwählt«, und weiter: »Dieweil die Welt durch ihre Weisheit Gott in seiner Weisheit nicht erkannte, gefiel es Gott wohl, durch törichte Predigt selig zu machen.« Dies verkündet er drohend durch den Mund des Propheten: »Ich will zunichte machen die Weisheit der Weisen, und den Verstand der Verständigen will ich verwerfen.« Und dankt Christus nicht dem Herrn dafür, dass er das Geheimnis der Seligkeit den Weisen verborgen, den Unmündigen aber, das heißt den Toren, offenbart habe? Denn im griechischen Text steht für »unmündig« *νήπιος* und ist dem *σοφός* gegenübergestellt. Hier darf ich auch nicht vergessen, dass der Heiland wiederholt im Evangelium gegen die Pharisäer, Schriftgelehrten und Rechtskundigen eifert, die unwissende Menge aber stets zu schützen sucht; denn was heißt der Fluch »Wehe euch Schriftgelehrten und Pharisäern!« anderes als »Wehe euch Weisen!«? Aber mit Kindern, Frauen und Fischern scheint sich der Herr der Welt am liebsten zu befreunden. Ja sogar aus der Klasse der Tiere gefallen ihm vornehmlich diejenigen, die sich am wenigsten der Schlauheit des Fuchses nähern. Darum zog er es vor, auf einem Esel zu reiten, obwohl er, wenn es ihm beliebt hätte, mit demselben Recht auf einem Löwen einherstolziert wäre. Auch ist der heilige Geist in Gestalt einer Taube herabgestiegen und nicht in der eines Adlers oder Geiers; ferner ist in der Bibel oft von Hirschen, Rehen und Lämmern die Rede. Zudem bezeichnet Christus die, welche er zu ewigem Leben bestimmt hat, als »Schafe«. Kein anderes Tier ist doch so dumm als gerade dieses, und der schon von Aristoteles gebrauchte sprichwörtliche Ausdruck »Schafsmanier«, von der Borniertheit dieses Viehs hergenommen, mahnt uns daran, dass man jenen Namen als Schimpfwort zu vernagelten und hartköpfigen Menschen zu sagen pflegt. Und Christus bekennt sich frei als Hirte dieser Herde, ja, selbst die Bezeichnung »Lamm« missfällt ihm nicht, wenn Johannes auf ihn deutend spricht: »Siehe, das ist Gottes Lamm.« Dieses Wort findet sich auch an zahlreichen Stellen der Offenbarung des Johannes.

Welche andere Folgerung können wir wohl aus alledem ziehen als diese: Alle Menschen sogar die Frommen, sind Toren! Selbst Christus, der eigentlich die Weisheit des Vaters ist, hat sich, um die menschliche Torheit zu unterstützen, gleichsam zum Toren gemacht, indem er die Natur des Menschen annahm und eine Verbindung mit der irdischen Gestalt einging, so wie er selber zur Sünde geworden ist, um die Sünde zu vernichten. Doch glaubte er, sie auf keine andere Weise vernichten zu sollen als durch die »Torheit des Kreuzes« und durch stumpfsinnige, feiste Apostel, die er eifrig zur Torheit ermahnt und vor der Weisheit warnt, indem er ihnen die Kinder, die Lilien, das Senfkorn und die Sperlinge als Beispiele nennt, die doch sämtlich sinnlos und ohne Verstand sind und deren Dasein sich nur nach den Gesetzen der Natur ungekünstelt und sorgenfrei gestaltet. Wenn er ihnen außerdem verbietet, sich ängstlich vorher zu überlegen, was sie vor Fürsten und Königen sprechen sollen, und ihnen untersagt, sich um die Zukunft zu kümmern oder über den Wandel der Zeiten zu sinnen, so will er damit offenbar, dass sie sich nie auf ihre eigene Weisheit verlassen und ganz und gar von ihm, ihrem Meister, abhängen. Aus demselben Grund warnte der große Erbauer des Weltalls das erste Ehepaar eindringlichst, von dem Baum der Erkenntnis zu kosten, als sei die Erkenntnis Gift für die Glückseligkeit. Ja, Paulus verwirft diese Erkenntnis offen als Keim des Hochmuts und der Verderbnis. Nach seinem Beispiel, glaube ich, hat der heilige Bernhard den Berg, auf dem Luzifer seine Residenz aufgeschlagen, den »Berg des Wissens« genannt.

Vielleicht ist auch der folgende Beweis nicht außer Acht zu lassen, dass die Torheit im Himmel gut angeschrieben ist: Sie allein erhält für Fehltritte Verzeihung, die den Weisen nicht gewährt wird, weshalb sich auch die, welche um Gnade bitten, selbst wenn sie wissentlich gesündigt haben, dennoch der Torheit als Vorwand und Deckmantel bedienen. Auf diese Art fleht Aaron im vierten Buch Moses, wenn ich mich recht erinnere, um Erlass der Strafe für seine Schwester: »Ach, mein Herr, lass die Sünde nicht auf uns bleiben, damit wir närrisch getan und uns versündiget haben!« So auch sagt Saul in reuiger Erkenntnis seiner Schuld zu David: »Siehe, ich habe töricht und sehr unweise getan.« David selbst wiederum sucht den Herrn durch die Worte zu erweichen: »Herr, nimm weg die Missetat deines Knechtes, denn ich habe sehr töricht getan«, als ob er keine Erhörung zu finden fürchtete, wenn er nicht Torheit und Unwissenheit vorbrächte. Am lautesten aber spricht für mich die Bitte, die der Heiland vom Kreuz aus für seine Feinde an Gott richtete: »Vater vergib ihnen« – er fand keinen anderen Entschuldigungsgrund als den der Unklugheit – »denn sie wissen nicht, was sie tun.« Ebenso schreibt Paulus an Timotheus: »Mir ist Barmherzigkeit widerfahren, denn ich habe es unwissend getan, im Unglauben.« Was heißt dies »ich habe es unwissend getan« anderes als: Ich habe es aus Torheit, nicht aus Boshaftigkeit getan? Und welchen Sinn haben die Worte »Mir ist Barmherzigkeit widerfahren«, wenn nicht den, dass er ohne die Fürsprache und Empfehlung der Torheit keine Barmherzigkeit gefunden hätte? Auch der fromme Psalmist gehört zu den Unsrigen an jener Stelle, die ich vorhin anzuführen vergaß: »Gedenke nicht der Sünden meiner Jugend und meiner Unwissenheiten.« Merket wohl, welche beiden Entschuldigungen er nennt: seine Jugend, deren treue Begleiterin ich überhaupt stets bin, und seine Unwissenheiten, von denen er absichtlich im Plural spricht, damit wir die ungeheure Macht seiner Torheit kennen lernen sollen.

Doch um nicht noch tiefer in diese endlosen Einzelheiten einzudringen, will ich euch in aller Kürze zeigen, dass die ganze christliche Religion eine gewisse Verwandtschaft mit der Torheit hat und zu der Weisheit in gar keiner Beziehung steht. Wenn ihr hierfür Beweise wünscht, so achtet zunächst darauf, dass junge Leute, Greise, Frauen und Dummköpfe vor allen anderen an heiligen Handlungen und religiösen Gebräuchen Vergnügen finden und sich darum auch stets so dicht wie möglich an den Altar zu drängen suchen. Sie folgen hierin offenbar willenlos dem Trieb der Natur. Ferner aber seht ihr, dass die frühesten Begründer der Religion sich einer wahrhaft kindlichen Einfalt befleißigten und den Wissenschaften gänzlich abhold waren. Endlich gibt es doch keine tollköpfigeren Toren als die, welche die feurige Glut christlicher Frömmigkeit gänzlich verzehrt hat: Sie verschenken ihr Geld mit vollen Händen, achten nicht auf Beleidigungen, lassen sich hintergehen, unterscheiden nicht zwischen Freund und Feind; Wollust ist ihnen ein Schrecken, Fasten, Wachen, Weinen, Sorgen und Grämen ihre Nahrung; das Leben ekelt sie an, der Tod kommt ihnen nicht früh genug – kurz, für jede Empfindung sind sie völlig tot, als weile ihr Geist an irgendeinem anderen Ort, nur nicht in ihrem Körper. Welchen anderen Namen soll man hierfür wählen, wenn nicht den der Raserei? Darum darf es uns auch nicht allzu sehr wundern, wenn die Apostel den Eindruck machten, als seien sie »voll süßen Weins«, und wenn Paulus dem Richter Festus wie ein Rasender vorkam.

Aber da ich mir nun doch einmal das Löwenfell der Gelehrsamkeit übergezogen habe, wohlan, so will ich auch nachweisen, dass jene Glückseligkeit der Christen, die mit so vielen Qualen und Mühen erstrebt wird, nur eine Art von Raserei und Torheit ist. Doch bitte, ereifert euch nicht über diese paradox klingenden Worte, prüft vielmehr mit mir die Sache selbst.

Zunächst haben die Christen den Grundsatz mit den Platonikern fast gemein, dass die Seele von körperlichen Banden gehemmt und gefesselt sei und durch die Schwerfälligkeit der organischen Maschine an der Erkenntnis und dem Genuss des Wahren gehindert werde. Aus diesem Grund definiert Platon die Philosophie als ein Nachdenken über den Tod, weil sie sich bestreben soll, die Seele von allem Sichtbaren und Materiellen loszulösen, was der Tod ja tut. So lange nun die Seele sich in richtiger Ordnung der Organe des Körpers bedient, ist sie gesund, wenn sie aber, die Fesseln zerreißend, Freiheit zu gewinnen und gleichsam ihrem Gefängnis zu entfliehen trachtet, so nennt man dies Torheit; rührt diese Unordnung von einer Krankheit oder einer Zerrüttung der Organe her, dann bezeichnet man den Zustand allgemein als Raserei. Und dennoch sehen wir solche Menschen die Zukunft vorhersagen, Sprachen und Wissenschaften verstehen, die sie nie gelernt hatten, ja, sozusagen etwas Göttliches zur Schau tragen. Dieses Wunder hat seinen Grund zweifellos darin, dass die Seele infolge der weniger innigen Berührung mit dem Körper ihre natürliche Kraft zu zeigen beginnt. Aus derselben Ursache, meine ich, beobachtet man häufig Ähnliches bei Sterbenden, dass sie nämlich gleichsam in prophetischer Begeisterung Rätselhaftes sprechen.

Wenn Liebe und Eifer für die Frömmigkeit diesen Zustand bewirken, so ist dies vielleicht nicht genau dieselbe Art von Raserei, aber sie nähert sich ihr doch so sehr, dass sie gemeinhin diesen Namen trägt, zumal ja nur sehr wenige Erdenwürmer so ganz von der Lebensauffassung der gesamten übrigen Menschheit abweichen. Daher pflegt auch diesen zu geschehen, was nach der Schilderung Platons sich zwischen jenen zutrug, die in der Höhle gefesselt nur die Schatten der Dinge anstaunten, und dem Flüchtling, der nach seiner Rückkehr in die Grotte sich rühmte, die Gegenstände in Wirklichkeit gesehen zu haben, und nun den anderen vorwarf, sie lebten in grober Täuschung, da sie glaubten, außer wesenlosen Schatten sei nichts mehr vorhanden; der Weise bemitleidet und beweint sogar seine Genossen, dass sie in so großem Irrtum befangen wären, jene aber verlachen ihn wiederum wie einen Verzückten und jagen ihn hinaus. So bewundert die Masse der Menschen das am meisten Körperliche am meisten und glaubt fast nur an das Vorhandensein solcher Dinge; die Frommen hingegen schätzen einen Gegenstand umso geringer, je mehr Beziehung er zum Körperlichen hat, und obliegen ganz und gar der Betrachtung unsichtbarer Dinge. Die Weltlichen erteilen den ersten Platz den irdischen Gütern, den zweiten den Bedürfnissen ihres Leibes und widmen die letzte Sorge der Seele, deren Existenz die meisten überhaupt leugnen, weil sie nicht sichtbar ist. Die Frömmigkeitsschwärmer aber schlagen den entgegengesetzten Weg ein: Sie setzen ihr ganzes Vertrauen in Gott, das einfachste aller Wesen; nach ihm, aber doch in ihm, denken sie an ihre Seele, weil sie der Gottheit am nächsten komme; um den Leib kümmern sie sich gar nicht, Geld verachten und fliehen sie, als sei es Unrat, oder wenn sie gezwungen sind, sich mit dem Zeitlichen zu beschäftigen, so tun sie es nur missmutig und widerwillig; sie haben, als hätten sie nichts, und besitzen, als besäßen sie nichts. Es gibt aber auch in vielen einzelnen Dingen noch gewisse bedeutende Unterschiede zwischen diesen beiden Menschenklassen.

Zunächst gilt es als sicher, dass alle Tätigkeiten der Seele in notwendiger Verbindung mit dem Körper stehen; es gibt deren aber nur zwei Arten: die einen mehr materieller Natur, wie das Gefühl, das Gehör, das Gesicht, der Geruch und der Geschmack, die anderen mit geringerer Beziehung zu den Organen, wie das Gedächtnis, der Verstand und der Wille. Hieraus folgt, dass die Seele bei derjenigen von diesen verschiedenen Tätigkeiten am stärksten sein wird, der sie sich zuwendet. Da nun die Frommen die ganze Macht ihrer Seele auf Dinge richten, die den materiellen Sinnen möglichst fern liegen, so schwächen sie diese allmählich und stumpfen sie schließlich völlig ab. Die große Menge dagegen hat eine bedeutende Seelenstärke für die Sinne des Körpers, leistet aber in Bezug auf die reinen Empfindungen der Seele gar nichts. Jetzt erklärt es sich leicht, wenn wir hören, einige fromme Männer hätten Öl statt Wein getrunken.

Ebenso beziehen sich von den Leidenschaften einige auf den Körper im engeren Sinne, wie lüsterne Begierde,

Hunger, Durst, Lust zum Schlafen, Zorn, Hochmut und Neid; mit diesen führen die Frommen einen unversöhnlichen Krieg, das Volk aber glaubt, ohne sie nicht leben zu können. Ferner gibt es Affekte, die die Mitte halten und gleichsam natürlich sind, wie die Liebe zum Vaterland, die Liebe gegen die Kinder, die Eltern und die Freunde.

Bei der Masse gelten diese etwas, die Frommen aber trachten danach, auch sie aus dem Herzen zu entfernen oder wenigstens sie zu »vergeistigen«. So kommt es, dass ein frommer Sohn seinen Vater liebt, doch nicht als Vater, denn was hat er von ihm empfangen außer einem elenden Körper? Und auch diesen verdankt er am Ende nur Gott, seinem wahren Vater, aber er schätzt in seinem irdischen Erzeuger einen tüchtigen Mann, in dem das Abbild jenes höchsten Geistes strahlt, der das erhabenste Gut ist und neben dem nichts liebenswert, nichts begehrenswert erscheint. Nach demselben Grundsatz beurteilen jene auch alle anderen Verhältnisse und Pflichten des Lebens, sodass sie, wenn die sichtbaren Dinge ihnen auch nicht ganz und gar verächtlich erscheinen, dieselben doch ungleich tiefer setzen als die, welche man nicht zu sehen vermag. Sie behaupten auch, in den Sakramenten und sogar in den gewöhnlichen Verrichtungen des Gottesdienstes sei Körper und Geist vorhanden. An den Fasttagen halten sie die bloße Vermeidung von Fleisch und die Auslassung des Nachtmahls, was doch in den Augen des Volkes schon zum vollkommenen Fasten genügt, für etwas Geringfügiges, wenn man nicht auch zugleich seine Leidenschaften mäßige und Zorn und Hochmut banne, damit die Seele, weniger beschwert von der Last des Körpers, zum heiligen Genuss der Güter des Himmels emporstreben könne. Ähnlich ist es mit dem Abendmahl, dessen Zeremonien ja nicht zu missachten seien, wie sie sagen, die aber an und für sich unnütz, ja, selbst verderblich wären, wenn das geistige Element nicht dazukäme, nämlich das, was jene sichtbaren Zeichen ausdrücken sollen. Es stellt aber dieser ernste Akt den Tod Christi dar, den die Sterblichen mit gebändigten, getöteten, gleichsam begrabenen Leidenschaften veranschaulichen müssen, damit sie zu neuem Leben erwachen und *eins* mit Christo, *eins* auch untereinander werden können. Das ist das Streben und Trachten des Frommen. Das gemeine Volk jedoch glaubt, dies Sakrament habe nichts anderes zu bedeuten, als dass man möglichst nahe am Altar stehe, den wirren Gesang anhöre und den übrigen Zeremonien zuschaue.

Aber nicht nur in dem, was ich eben als Beispiel angeführt, bricht der Fromme jedes Verhältnis zum Körper ab, sondern gleichmäßig auch in allem anderen, was das Leben bietet, und schwingt sich auf zu den himmlischen, unsichtbaren, geistigen Gütern. Weil nun die Frommen und Nicht-Frommen in jedwedem Punkt verschiedener Meinung sind, so kommt es, dass sie sich gegenseitig für rasend halten, eine Bezeichnung, die meiner Ansicht nach freilich besser auf die Frommen als auf die Masse des Volkes passt.

Dies wird euch noch mehr einleuchten, wenn ich meinem Versprechen gemäß euch mit wenigen Worten nachgewiesen habe, dass jene unendliche himmlische Belohnung nur eine Art Raserei ist. Zuerst wisset, dass bereits Platon eine unbestimmte Ahnung von solchen

Dingen gehabt hat, als er schrieb, die Raserei der Liebenden sei die glücklichste von allen. In der Tat lebt ein leidenschaftlich Liebender nicht mehr in sich selbst, sondern nur noch in der Person, die er liebt, und je mehr er sein eigenes Selbst verlässt, um sich in den Gegenstand seiner Liebe zu versenken, eine desto größere Lust empfindet er. Wenn aber die Seele aus dem Körper zu wandern strebt und sich der einzelnen Organe schon nicht mehr in richtiger Weise bedient, so hat man volles Recht, dies Raserei zu nennen. Was hätten wohl jene gebräuchlichen Redewendungen anders zu bedeuten: »Er ist außer sich« – »Komm wieder zu dir« – »Er ist wieder bei sich?« Je heftiger zudem die Liebe ist, umso größer und glücklicher ist die Raserei.

Wie wird demnach das Leben der Seligen im Himmel beschaffen sein, ein Leben, nach dem sich die frommen Gemüter so herzinnig sehnen? Die siegreich triumphierende Seele wird den Körper gänzlich in sich aufnehmen, und zwar umso leichter, als sie schon während des Lebens ihr Gefäß für diese Umwandlung geläutert und gereinigt hat. Sodann wird die Seele auf unbegreifliche Weise in jenem höchsten, unendlich mächtigeren Geist aufgehen. So wird der ganze Mensch sein eigenes Ich abwerfen und ewige Glückseligkeit genießen, weil er, losgelöst aus seinen früheren Schranken, unaussprechliche Wonne kostet in dem Anteil an jenem erhabensten Gut, das alles zu sich hinanzieht. Zwar tritt dieser Glückszustand eigentlich erst dann ein, wenn die Seelen nach der Wiedervereinigung mit ihren früheren Körpern das Geschenk der Unsterblichkeit erhalten, allein die Frommen, deren ganzes Leben ja nichts anderes ist als ein

Nachdenken über jene himmlischen Freuden, als gleichsam ein Schatten derselben, empfinden doch schon auf dieser Welt einen Vorgeschmack oder Geruch der ihnen verheißenen Belohnung. Es ist freilich nur ein winzig kleiner Tropfen im Vergleich zu jenem Quell des seligsten Glücks, aber dieser Tropfen wiegt bei weitem sämtliche Vergnügungen des Körpers auf, auch wenn man alle Genüsse aller Sterblichen zu einem einzigen Ganzen sammeln könnte. So hoch stehen die geistigen Dinge über den körperlichen, die Unsichtbaren über den sichtbaren! In diesem Sinne spricht der Prophet die herrliche Verheißung aus: »Das kein Auge gesehen hat und kein Ohr gehört hat und in keines Menschen Herz gekommen ist, das Gott bereitet hat denen, die ihn lieben.« Und das ist eine Form der Torheit, die beim Übergang ins andere Leben nicht zugrunde geht, sondern vielmehr erst dann ihre höchste Vollkommenheit erlangt.

Darum verraten auch diejenigen, denen dieses Glück vorzufühlen vergönnt ist – und das sind nur wenige –, in ihrem Wesen etwas, was einer Gestörtheit des Geistes sehr ähnlich sieht: Sie sprechen unzusammenhängend und gar nicht wie Menschen, denn sie stoßen nur sinnlose Laute aus, ihr Gesichtsausdruck wechselt mit jedem Augenblick, bald sind sie fröhlich, bald niedergeschlagen, bald weinen, bald lachen, bald seufzen sie, kurz, sie sind überhaupt nicht bei sich selber. Sind sie wieder zu sich gekommen, so versichern sie, sie wüssten nicht, wo sie gewesen wären, ob sie innerhalb oder außerhalb ihres Körpers weilten, ob sie wachten oder schliefen, und von allem, was sie gehört, gesehen, gesprochen, getan, sind ihnen nur nebelhafte, verworrene Vorstellungen im

Gedächtnis geblieben; das eine allein wissen sie, dass sie in ihrer Torheit überglücklich waren. Daher beklagen sie es auch, dass sie wieder zur Vernunft gekommen, und wünschen nichts so lebhaft, als in dieser süßen Raserei ewig zu verharren. Und das ist doch nur ein kleines Kosthäppchen der künftigen Glückseligkeit!

Aber ich habe, mich selbst vergessen, schon lange die mir gesteckten Grenzen überschritten. Wenn ich etwa zu dreist oder zu geschwätzig geplaudert, so bedenkt, dass ich die Torheit und – ein Weib bin. Doch erinnert euch zugleich auch jenes griechischen Spruchs: »Oft auch redet ein törichter Mann vernünftige Worte.« Es sei denn, ihr wolltet behaupten, dass dies auf Weiber keine Anwendung finden dürfe. Ihr erwartet vermutlich einen Schluss; ihr seid aber in der Tat würdige Toren, wenn ihr glaubt, dass ich noch weiß, was ich hier gesprochen – welchen wüsten Kram habe ich euch vorgeschwatzt! Ein sehr altes Wort sagt: »Zum Teufel ein Zecher, der alles behält!« Und ein ganz frisches: »Zum Teufel ein Hörer, der alles behält!« Darum lebt recht wohl, ihr hoch berühmten Priester der Torheit, klatscht, freut euch des Daseins und trinkt!

Ende